おとうさん

# お空から、ちゃんと見ててね。

——作文集・東日本大震災遺児たちの10年

あしなが育英会・編

朝日新聞出版

はじめに

# 子どもたちの声を通じて

陸前高田レインボーハウス担当　山下高文

「東日本大震災」と聞くと、私の頭には二つの記憶が浮かぶ。一つは自分自身の震災体験。もう一つは震災から1カ月後に訪ねた岩手県陸前高田《りくぜんたかた》市の光景とにおいだ。震災後の10年はとても長い年月だったが、震災直後の記憶はついこの間の出来事のように、強烈《きょうれつ》に胸に刻まれている。

地震が起きた時、私は宮城県の大学生だった。ラーメン屋のアルバイトで食器の片づけをしている時に大きな揺れを感じ、窓越しに波打つ道路と、たわむ電柱を見た衝撃を今も覚えている。

その日は雪が降っていた。春休み期間だったが、夕方には学生が続々と大学に集まった。みんな、この地震の大きさに気づき始めていた。それから数日間は、大学の食堂でサークルの友人たちと過ごすこととなった。

何度も繰り返す余震、街中《まちじゅう》のガス漏れのにおい、亀裂の入った住宅……。割れた窓に恐怖を抱きながら、日中は友人同士で協力して部屋の片づけをしたり、自宅の食料をかき集めて分け合ったり、家族や友人の安否確認で一喜一憂《いっきいちゆう》した。

夜になると毛布にくるまりながら、床に寝転んだり、机に伏せたりして休んだ。全然休めた気はしなかった。外に出ると、どこかで起きた火災の影響で夜空が赤く染まっていた。数日後に電力が復旧し、携帯やパソコン、テレビが使えるようになり、そこで初めて津波の映像を見て、地震がもたらした計り知れない被害を知った。自分の常識をはるかに超えた、別次元の災害がそこでは起こっていた。

震災発生から2日後に、あしなが育英会は震災で親がなくなった、もしくは親が行方不明となった遺児（胎児《たいじ》から大学院生まで）を対象に特別一時金の給付を決定し、1カ月後の2011年4月11日には宮城県仙台市に事務所を開設した。

## 2083人の遺児に給付金を届ける

当時あしなが育英会の大学奨学生だった私は、「お知らせ隊ボランティア」として岩手県を訪ねた。「お知らせ隊ボランティア」とは、あしなが育英会の大学奨学生が職員とチームを組み、避難所を回って給付金制度の説明とポスター掲示の依頼を行うものだ。

被害が大きかった沿岸部から少し内陸に入った遠野《とおの》市に拠点を置き、3人一組で五つのチームを組んで沿岸部に通い、公表されていた宮古《みやこ》市から陸前高田市の計4市2町の避難所を一つひとつ回った。学校の体育館、福祉施設、公民館、漁村センターなど1チームが担当する数は、優に100カ所は超えていた。初めて訪ねる土地で、地震や津波の影響で通行できない道も複数あり、計画していた避難所すべてを回るのはとても時間がかかった。

避難所では遺児やその家族に直接会うことはかなわなかったが「対象の子がいたらぜひ、この制度を教えてあげて下さい」と伝え、ポスターと申請書を配って回った。震災から1カ月ほど経っていたにもかかわらず、道は瓦礫《がれき》を脇によけただけの状態で、避難所には多くの人や車両が出入りし、とても状況が落ち着いているとは言えなかった。

陸前高田市は宮城県との境、沿岸部に位置する。人口約2万3千人の7・6パーセン

上／給付金に関するポスターを掲示するあしなが大学奨学生　下／避難所に向かうお知らせ隊ボランティア

トがなくなる、もしくは行方不明となった。市の中心部に広がる平野は土砂《どしゃ》で埋まり、対向車とすれ違うのもやっとの道を車で走った。捜索活動をしている人、自宅の跡を訪れる人、津波の水が引いた後に残った瓦礫の山。そして鼻をつき脳裏に残るにおい。いろいろなことを想像すると、悲しさ、虚《むな》しさが胸を突いた。

そんな状況下でも周知活動を続け、東北の被災地を中心にした全国2083人に給付金を届けることができた。

震災後間もない2011年5月から、ボランティアとして震災・津波遺児を対象とした数多くのサポートプログラムに参加してきた私は、大学卒業後、震災の翌年4月にあしなが育英会の職員となった。みずからも親をなくした経験をもつ当事者として、子どもたちの力になりたかった。

職員になったばかりの頃は、被災地を支援する活動の拠点だった宮城県仙台市、石巻《いしのまき》市、岩手県陸前高田市で行われるサポートプログラムに参加しながら、その運営や事務作業を学んだ。その後、正式に担当地域が陸前高田市に決まり、子どもプログラムの主担当を務めることになった。

まだ、あちこちに津波の傷跡がみられる環境の中、子どもたちとたくさん遊んで、笑って、話に耳を傾けてきた。なくなった親のことや津波のことについて全く話さない子、話そうとするも言葉にならない子、涙が溢《あふ》れ出す子など、一人ひとり様子は異なっていたが、子どもたちは常に悲しんで落ち込んでいるわけではなく、一緒に過ごす中で、様々なことを教えてくれた。遊びを通じて物を揺らして地震ごっこ、水を揺らして津波ごっこ、積み木やブロックを積んで崩して自分の住む街の再現をする子もいた。なくなったお父さん、お母さんに関係するモノや言葉に触れた時には、そこからかつて一緒に過ごした日々の思い出が呼び起こされる。親との死別を経験した子どもたちは、日常の中の様々なきっかけで甦《よみがえ》る、自分自身の体験やなくなった親との思い出を整理したり、折り合いをつけたりを繰り返しながら歩んでいた。

震災から数年間は、プログラム中に描いた絵や作ったクラフトを「これ預かっていて」と子どもたちから言われることが多かった。理由を尋ねると「もう、地震とか津波でなくしたくないから」と答える。彼らは震災によって、家族の命だけではなく、自宅や写真、おもちゃなど、様々なモノや思い出を一度に失ってしまった。幼い頃に突然、大切にしていた存在が無くなるという経験をした子どもたちなりの考えだったのだろう。

## 「震災後、初めて泣いた」

本書には、2011年から東北にレインボーハウスができる14年までの約3年の期間に、あしながレインボーハウス（東京都日野《ひの》市）で行われた「全国小中学生遺児のつどい」において、東日本大震災で遺児となった子たちが書いた作文が収録されている。このつどいは、東日本大震災に限らず、様々な理由で親との死別を経験した子どもたちが参加して、1泊もしくは2泊を一緒に過ごす。

作文を書いた子どもの中には、親の遺体が見つかっておらず行方不明のままの子もいた。なくなった親とのお別れが十分にできなかった子もいた。沿岸部はまだまだ被害が深刻な状況にあり、彼らの住居は仮設住宅や親戚宅の間借りで、学校のグラウンドや公園も津波の影響を受け、十分に遊べるスペースがなかった。そんな彼らにとってレインボーハウスは、周りを気にせず走ったり、大きな声を出したりしてよい空間であり、また、一緒に遊び、どんな話でも受け止めてくれる大学生や社会人のファシリテーター（遺児をサポートするボランティア）がいる場所だった。

つどい終了後の作文やアンケートには、「こんなに遊んだの久しぶり」「やっと足を伸ばして寝られた」「自分以外にもこんなにたくさんお父さん、お母さんが死んじゃった人がいるんだ」という感想が書かれていた。「震災後、初めて泣いた」「なんとなく家族間で禁句になっていたけど、初めてなくなった親の話をした」という声もあった。

第1章・2章の作文はこのつどいで書かれたものだ。子どもたちが、東日本大震災にまつわる自らの体験や想いを率直な言葉で書き綴《つづ》っている。第3章では、幼少期にレインボーハウスに通った子どもたちの中で、20～22歳に成長した3人にインタビューし、そのときどきの葛藤《かっとう》や出来事を振り返って語ってもらった。

第4章では、2020年の冬に子どもたちから寄せられた「現在の心境と、将来への希望を綴った手記」、第5章では「周囲の人に宛てたお手紙」を紹介する。

2011年3月11日から10年となる今、子どもたちの生の声を通して、彼らの歩んできた軌跡と想いを読者の皆様にお伝えしたい。そして、東日本大震災の悲劇を風化させることなく、これから先も支援の輪を広げていきたいと考えている。

やました・たかふみ／1989年、青森県生まれ。17歳の時に父親をなくし、あしなが奨学生として大学へ進学。現在は陸前高田レインボーハウスで子どものプログラムを担当

# 『お空から、ちゃんと見ててね。』 目次

## 第2章 ママがいてほしいとき――「その後」の作文

おわりに



＊印が付いている名前は仮名になります

ブックデザイン　奈雲裕介
取材・文（3章）　角田奈穂子

# お空から、ちゃんと見ててね。

――作文集・東日本大震災遺児たちの10年

第1章

# 津波が来るなんて──

## 「あの日」の作文

東日本大震災当日について、当時小中学生だった子どもたちがつどいの中で書いた作文を中心に集めました

# こんなふうにくさった人は父じゃない

金子咲希＊

私は、去年の東日本大震災で父を亡くしました。

最初はずっと父の死を受け入れることができませんでした。父の遺体が見つかるまで仕事場と家を行ったり来たり、母は遺体安置所にも通いました。その間ずっと「私の親が死ぬはずない」と思っていました。

4月に父と無言の再会をした時、こんなふうにくさった人は父じゃないって思ったけど、親せきから「お父さんだよ」と言われ、涙が止まりませんでした。遺体の横にあったゴミ袋に父の服とケータイが入っているのを見て、やっと父なんだと思えました。父の遺体は、頭に穴が開いていたり、全身の骨が骨折したりしていたそうです。

父は津波にのまれて、凄い痛みで死んじゃったんだと思います。私は何度も「震災が起きなければよかったのに」って思います。

父とたくさん約束したのに、ほとんど果たせていません。父はずっと結婚式を楽しみにしていました。口ぐせで「中学卒業したら結婚しろよ」といつも言っていました。将来、結婚式に父がいないのは、悲しいよりも、結婚式見せられなかったってくやしさのほうが大きいかもしれません。

私がいちばん後悔しているのは、父にいつも何かやってもらってばかりだったことです。私が父に何かするっていうことはしなかったし、何かしてもらっても感謝の言葉を言ったこともありません。

生きている時に言いたかった。お父さん今までありがとう。

（２０１２年１月）

# 3月10日までは、いい日だったね。

Y・A

おかあさんがいたら、いろんなことができたね。

ケーキをつくったりできたよね。

ほいくえんからかえると、おかあさんがつくってたべさせてくれたね。

3月10日までは、いい日だったね。

3月11日のごご2時46分に、つなみがおしよせてきました。

わたしと、おとうさんと、おじいちゃんと、おじいちゃんのおねえさんのさとみさんもだいじょうぶだったけど、おかあさんは、つなみにながされて、おかあさんのしごとばのまえで死んでいました。

わたしは、そのことをわすれないようにしたいとおもいます。


（2012年11月）

## 信じただけに余計に悲しくなった

對馬秀成

今年の３月11日に大震災でお父さんが亡くなりました。お父さんはとても優しくて、正義感の強い人でした。

お父さんの働いている所がひなん所になっていて、お父さんは逃げずにひなんしてきた人のお世話をしていたらしく、働いていた所の近くで見つかりました。

最初は「絶対、どこかにひなんしている」と信じていましたが、ある日の夜中に、お母さんの電話に「お父さんが見つかった」と電話がかかってきて、次の日にお母さんから「亡くなった」と聞かされました。信じていただけに余計に悲しくなってしまいました。

でもそれでもまだ信じられなくて、火そうの時にお父さんの亡くなったすがたを見て「本当に亡くなったんだな」と思いました。

（前に）地震があった時は、いつでも何もおこらなかったので、今回も何もおこらないと思っていたのに、こんなことになってしまって、これからどうすればいいのかわかりません。

（２０１１年５月）

# なくなったお母さん

M・A

私のお母さんがなくなったのは、私が2年生のころにあった3月の東日本大震災でした。

その時、私たちは学校にいて町の体育館にひなんしていました。

お母さんは町の体育館の近くで仕事をしていたから「ぜったいここにひなんする」と思っていたけど、お母さんは来ませんでした。

近くにいた友達のお母さんに「私のママ知らない？」と聞いたけど、だれも知らないと言っていたので、つなみに流されたのだと思ってずっと泣いていました。

そしたら友達のお母さんが高いところにつれて行ってくれてお父さんがむかえに来てくれました。すごくうれしかったです。

私の家は流されなかったけど、家の中はすごくグチャグチャになっていました。

でも私のへやは大丈夫だったので、お兄ちゃんとお父さんとおじちゃんと私で私のへやにひなんしました。

そして2カ月後にお母さんの遺体が見つかりました。そのとき私は、うれしいのか、うれしくないのか分かりませんでした。

仮設小学校ができて、授業参観日にみんなはお母さんがいるのに私だけお父さんが来ているのが少しいやでした。

でも、このあしなが育英会に来て、私と同じようにお父さんやお母さんがいない人たちを見て「私だけじゃない」ことを知りました。

（２０１４年３月）

# 「夢」に向かって

萩原颯太

僕のお父さんは、東日本大震災の津波で亡くなりました。

その日は、ちょうど海岸のほうで仕事をしていました。

朝は、いつも通りに起きてきて、みんな仕事行ったり学校行ったりしました。

その後、地震が起こりました。

僕は、学校に居ました。僕たちは、小学校の体育館の避難所に避難しました。

その日は、父は帰ってくると思い、家の前に「小学校の避難所にいるね～」と手紙を残して小学校に行きました。

でも、何日たっても父は帰ってこず、ただ母が崩れていくだけでした。

僕は、父が帰ってくると信じていました。しかし、帰ってこない。「何で帰ってこないの?」と僕は心の中で言い続けていました。

電気も戻ってきて、水道も戻ってきた時、父の身元が遺体で発見されました。

「あのお父さんが死ぬなんて……」

と、家族全員が泣き崩れました。

でも、このレインボーハウスに来てから、

「前向きに生きよう」

と思い、気持ちをきりかえました。

レインボーハウスに来てから気持ちも変わり、「夢」も生まれました。僕は、「夢」に向かって、勉強を集中したいと思います。


（２０１３年１月）

# 津波が来るなんて……しんじられない

吉田芳広

ぼくが、小学3年の3月11日、大津波が来ました。

ぼくは、津波が来るなんて、予想外でした。

そして、ぼくは老人ホームににげました。ぼくは、すごく泣きそうになりました。でも、泣きませんでした。そして、お父さんがきた時、お母さん、弟、おばあちゃん、同じ地区の人は、ほとんど死んだと聞いて、すこしなみだがでました。

3日後、ぼくのいとこが老人ホームにむかえに来てくれました。心がほっとしました。

しばらくたって、学校が始まりました。ひなん所もあいてよかったです。でも、学校はおもしろくないです。


（2011年12月）

# あしながに来て変わったこと

大槻晃弘

僕はあの日、あの時に母を亡くしました。

その時に自分も流されたことまでは覚えています。それが最後になるとは思っていませんでした。

あの日は、いつもの日常でした。両親は、仕事に、おばあさんとおじいさんは旅行に、姉は中学校に、僕は小学校で授業をしていました。空を見ると、いつもと何か変だなと思っていたけれど、別に気にすることなく授業を受けていました。その後、あれが来ました。

その後の記憶はないです。気がつくと知らない家で寝ていました。慌てて飛び起きると、手足に傷が多数ありました。周りをよく見ると、母の姿がありませんでした。聞いてみると「行方不明だ」と言われました。その意味が理解できなかったです。

今になってようやく理解しました。「亡くなったんだな」と。

あの日から1カ月半後、「母の遺体が見つかった」と情報を聞きました。安心とともに切なさがこみ上げてきました。

それから数年たち、仮設住宅での生活が始まった時に、あしなが育英会の話を聞き、興味があり、参加してみたいと思いました。

実際に行ってみると自分と同じ年で親が亡くなっている人がいるんだなと、自分だけが仲間外れじゃないんだなとも思いました。

あしなが育英会に来て、自分はかなり変わったなと実感しています。本当に感謝しています。ありがとうございました。

（２０１３年11月）

# 「おとうさんにあいたい。」

吉住さなえ＊

２０１１年３月11日、東日本だいしんさいのつなみでお父さんがなくなりました。お父さんが会社でわすれものをしてとりにいって、とりおわってドアからでたときに、つなみがザザーッとながれてきて、お父さんはながされてしまいました。

（なくなる前は）せんたくをするのはお父さんで、つぎは、おじいちゃんがするようになったので、かたたきとか、かたもみをするのがたいへんなのに、お姉ちゃんはＤＳをしてて、弟はひとりでぬいぐるみであそんで、だれもかわってくれなくて、すごくこまって、すごくたいへんです。

お母さんが「男の子はしょうらいやくにたつよ」といっていますが、このままらんぼうのままにしていてほんとうにやくにたつのかな、となやんでいます。

お父さんがいたときは、ずっとえがおでいて、ほいくえんでいじめられてもがまんできたけど、いまは、たいどがいじわるになっています。

お父さんがみつかったときは、木にからまっていて、ちょうどそこにお父さんのおはかができました。

いまわたしがいいたいのは、「お父さんにあいたい」。ただそれだけです。

お父さんのせいかくは、すごくおこるところわいです。まだわたしが3さいのとき、ぼうしをひっぱられてくるしかったけど、本当はとてもやさしいです。

毎日よるおそくまでしごとにいって、会社のふくをきているのがおおかったです。朝ねたふりをすると、お父さんがこちょこちょしておこしてきました。せんたくをするとき、お父さんがいて、せんたくしてくれればたすかります。

いまわたしがしたいことは、もういちどだけでいいから、お父さんにとびつきたいです。

学校でいやなことは、だんしにいじめられることです。学校でたのしいことは、おんがくの時間です。

お家でいやなことは、弟にあそびのじゃまをされることです。お家でたのしいことは、パソコンです。

（2013年11月）

# できなかったゲーム

大野優斗*

お父さんはつなみのたんすのしたじきだった。お母さんがみて泣いてました。おにいちゃんも泣いて、ぼくはなぜか泣かなかったけど、あとで泣きました。あとお父さんがいっちばんいてほしかったのはゲームのときで、いっしょにモンスターハンターがまだ全クリしてなくて、今日かえってきたらやろうとおもったら、だいしんさいのつなみがきてできなかった。

（２０１３年３月）

# 自分のことをもっと気づかってほしかった　Ｉ・Ｓ（姉）

２０１１年４月17日の夜、私は次の日が始業式だったので、妹とワクワクしながらねた。

４月18日の早朝、お母さんの声で目が覚めた。そのときとなりでねていたお父さんが死んでいた。まったく動かないし、顔も手も足も血の気がなくて冷たかった。いそいで救急車を呼んで、救急隊員の人が家にはいってきて、私は泣いた。昨日まで元気だった人がなんで死んでるんだと思った。お父さんの手をさわったしゅんかん、死んでると思った。お父さんは病院に運ばれて、死亡だった。ねている間に死んでいて、脳出血だった。

それからは何をしていいのかわからなかった。

なぜ人はこんなに早く死んでしまうのかとすごく思ったし、もっとああすればよかった、こうすればよかったと思った。

お父さんは亡くなる2日前、大学のこうはいの東松島の家の1階がしんすいしたので、どろかきや食料などを届けに行った。すごくつかれたみたいで、次の日は1日じゅう家にいて、家族４人でゴロゴロして、遊んでいた。

お父さんはボランティアとしていろんな人の支援に行っていた。それでつかれがたまって過労で死んでしまった。私は人のことより自分のことをもっと気づかってほしかったと思う。これも東日本大震災がなければこんなことにはならずにすんだのになあと思う。

これから中学生になって、お父さんがいなくてもがんばっていきたい。

（２０１２年３月）

# うそでしょ、なんで

I・M（妹）

始業式の朝、起きたら、お母さんが泣いていました。どうしたの、と聞こうとしたけど、何があったのかすぐにわかりました。お父さんが白い顔をして、ふとんで亡くなっていました。起きたすぐだから、ゆめでしょ、と思ったけど、げん実でした。私はすぐに泣きました。

お父さんは、のう出血でした。

たくさん泣いて、なみだもかれました。うそでしょ、なんで、と毎日思っていました。それから、食よくがなくなって、ごはんもぜんぜん食べなくなりました。でも学校や、家族の前では、明るくふるまっていました。お父さんの話題が友だち同士で出たら、亡くなる前のことを話したりしていました。

お母さんが泣いてばかりで、お姉ちゃんも私も、お父さんの話を出さないように気をつかっていました。お母さんは、心の病気になりました。なのでこれからは私とお姉ちゃんでがんばっていこうと思います。

（２０１２年５月）

# お父さん、天国で見守っていてね

私は、２年前にお父さんを亡くしました。

お父さんは、私たちがねているときに、とつ然、のう出血で亡くなりました。

私は、お父さんとお姉ちゃんととなりでねてたのに、どうして気がつかなかったんだろうと思います。

もしも私が気づいていたら、お父さんは生きていたかもしれません。お父さんの死亡すいていじこくは午前４時でした。いつもならそのくらいの時間に目がさめるのに、その日だけは起きれませんでした。

学校でも、「お父さんの仕事は？」「私、あなたのお父さん見たことなーい」など、お父さんについていろいろとしつもんされます。本当は、「死んだの」とはっきり言いたいのに、言えません。

でもいつか、「お父さんは死んだけど、生きてる時はこんなんだったよ」と言えるようになりたいです。

お父さん、天国で見守っていてね。


（２０１３年５月）

# 津波《つなみ》で亡《な》くなったお父《とう》さん

吉住友華*

私は、津波のあと、しばらくしてから遺体安置所にいきました。そこには、お父さんと、そのほか3人の遺体がありました。
お母さんが先に行って、お父さんの顔を、泣きながら見てました。
私は、お父さんの顔を見たら、血だらけで、泣きました。

（2011年12月）

# お父さんへ

元気ですか？　私は元気です。
今は5人でくらしているけど、お父さんが1人いなくてちょーさびしいです。でも、
私には夢があるし、勉強だってあるので、泣かないでがんばっていきたいです。

（2013年1月）

# われていた花びん

私は、３月11日の地震のときは学校にいました。最初は少ししかゆれなかったので、ほっとしていました。でもその少しあとに、急にぐらっときて、次にガタガタゆれだしたので、机の下にあわててもぐりました。気がついたら私は泣いていました。そのとき地震がおさまったかと思ったら、またゆれだしました。先生の指示があったので、私は校庭にひなんしました。
校庭に行くとき、かいだんにかざってあった花びんがわれていたので、かわいそうと思いました。

（２０１３年１月）

# 「お父さん本当に死んじゃったの⁉」

私は、東日本大震災でお父さんを亡くしました。お父さんを亡くしたとき、私は、お父さんは本当に死んじゃったのって思いました。信じられなかったのです。
それからずっとお母さんに、「お父さん本当に死んじゃったの⁉」と言いつづけました。今は、学校で楽しくやっています。

（２０１３年11月）

# 「今どこにいるの？」

川崎あゆ＊

私の母と祖父母、おばさん、曾祖母《そうそぼ》は3月11日の東日本大震災で亡くなりました。

3月11日の朝、私は普通に学校に行きました。母と最後に交わした言葉は「いってきます」「いってらっしゃい」でした。

震災が起きた時学校にいた自分は、友達と一緒にいました。友達は親が迎えにきて、私だけが誰も迎えにきてくれませんでした。その時は、まだ小さい妹の所に行ったのだと思おうとしていました。

私と妹が会ったのは3月13日でした。

2人は、うれしくてうれしくて涙が止まりませんでした。そこで妹が「ママは⁉」と聞いてきて一瞬自分の中で時間が止まりました。妹は「一緒じゃないんだ……」と小さい声でつぶやきました。そこでなぜか分からないけど妹に「ごめんね」と謝っている自分がいました。

それから毎日毎日母をはじめ5人を探す日々が始まりました。6月に曾祖母が遺体で見つかりました。その近くに母のかばんも落ちていました。曾祖母以外の残り4人は未だ不明です。亡くなったという現実を知っていながらも、まだどこかで生きているのではないかという思いがまだあります。

たまに遺影に「今、どこにいるの？」と話しかけます。また皆と3月11日より前に戻って話したいというのが、今一番の願いです。

（２０１１年12月）

# ケンカぜんぶをあやまるね

川崎みく＊

わたしには、やさしい時もある、きょうぼうなお母さんがいました。

いつも母とケンカをしてばかり。そう、２０１１年３月11日の「東日本だいしんさい」が、せまっていると気づかず……。

わたしは、お母さんに、あまえすぎていた。

こんな大切な日の朝も、ケンカをしていた。わたしは、あやまりもせず、ランドセルをせおい、家をでた。わたしは、ただただ、歩いた。

学校も、もうおわりだ。わたしは、母はもうおこっていないと思った。それを知りたく、走って家にもどろうと、橋の上のまん中ぐらいにいたとき「ドシン、ドッドーン!!」と大きな音がなりひびき、それと同時に、大きな横ゆれがおきた。サイレンがなり、大つなみけいほうが出た。

わたしは、まっさきに、家に帰ろうとしたその時、「ダメ！」と声がした。

目の前に立っていたのは、母ではなく、高校生の女子だった。その人はのちに、わたしの命のおん人としった。５分後、大つなみが来て、橋はどこかへ流された。

あらためて、さいきん母は死者となってしまった。わたしはいまだに、お母さんがおこっているままなのかは、わからない。

わたしは、お母さんのことだから、おこってはないと思う。しかし、おそうしきの時、わたしは大泣きした。母の顔を見ると、「おこっている顔』をしていた。

わたしは、ゴメンネ……とつぶやいた。すると、母の顔はわらった。

うれしかった。

今度は、今までの、ケンカぜんぶをあやまるね。

ゴメンネ……。

これからは、もっとえがおで、みまもっておいてね。


（２０１２年７月）

「あやまれなかった」


私は、東日本大しんさいがおきる日の朝に、お母さんと、ずっとケンカをしていました。そして、あやまりもせず、おこって、学校に行きました。

でも、学校から家に、帰るとき、東日本大しんさいがおこりました。2時46分でした。みんな学校にもどりました。

1日目は、ほとんどみんな親がむかえに来てくれませんでした。

2日目はほとんどみんな帰っていきました。

3日目は、お姉ちゃんがむかえにきてくれました。

私はとても、なきました。でも、私は、ある事にきづきました。

「ねぇ。お母さんは?」と聞きました。お父さんは東京にいるので大じょうぶだと、わかっていました。

私は、お母さんがみつかった後から、金曜日の2時46分に、ベルをならしています。

そして、お母さんに、「ゴメンネ」を、送っています。

ちゃんと聞こえていたらいいです。


(2012年10月)

## 「最後のケンカの日」

私は、2011年3月11日のしん災で、母、おばあちゃん、おじいちゃん、ひいおばあちゃん、母の妹を亡くして、2年がすぎました。

私は今は父と姉と私での3人ぐらしです。私はしんさい後、沖縄へひっこしをして、2013年の3月宮城県にもどって来ました。

私は、母と3月11日は少しのことでケンカをしていました。

いつもは、学校に行く前にケンカは終わっているのに、3月11日の日のケンカでは、学校に行っても続きました。ケンカの理由は、私が母に起こされても起きなかったからでした。ケンカが続いているまま、下校時間2時45分に学校をでました。

私はもう母はゆるしていると思いました。学校の目の前にある橋を歩いている時の2時46分にじしんがありました。

私は友だちと、橋の上にいっしょにいた、高校生のお姉さんたちが、学校へと、ひなんしました。そこからちがう所へとひなんしても、みんなは、お母さんと帰っていくのに、私だけは、１人ぼっちでした。

お姉さんが3日後むかえに来てくれた時は、泣いてしまいました。母がいたいで見つかった時は、「何であの時ケンカしてたんだろう。何でみくは起きなかったんだろう」ともう一度母と仲直りしたくてしょうがありませんでした。

3月11日は、みんなは「東日本大しん災」と言いますが、私だけは、「最後のケンカの日」とよんでいます。


（２０１３年６月）

## 「言えなかった事」

私は、２０１１年3月11日に、学校からすぐ見える橋の上でゆられていました。すぐに家に帰ろうと思ったけれど、橋の上にいた高校生のお姉さんたちが、

「学校にもどろう！」

と、手をひっぱってくれました。もし、家に帰っていたら、私は死んでいたと思います。

私の学校は、2階までつなみが来ました。3階に私はにげていたので、私は大丈夫だったのですが、家族の事がしんぱいでねむれませんでした。

でも、私はこうかいしています。家族をきたない海の水で、苦しい思いをさせてしまった事。もし、私が帰っていたら、みんなでにげていたかもしれない。助けられるかもしれない。お母さん、おじいちゃん、おばあちゃん、みよちゃん、Pちゃんへ。

「助けられなくて、ゴメンね」

（2014年1月）

ともに歩んで❶

# なないろの虹を追い求めて

東北レインボーハウス所長　西田正弘

東日本大震災遺児支援は、1995年1月17日に起こった阪神・淡路大震災にその出発点をもつ。

私たちあしなが育英会は、573人の震災遺児たちと向き合うことになった。私自身も12歳の時父親を交通事故でなくした遺児であり、仕事として多くの遺児と触れ合ってきたが、阪神・淡路大震災の震災遺児の体験は想像を絶するものだった。

のちに「黒い虹」と呼ばれるようになった1枚の絵がある。緑と青と黄色だけで描かれた虹が青空ではなく黒く塗られた夜空にかかっている。かっちゃんという男の子が1995年の夏休みに行われた海のつどいで描いたものだ。一家8人が生き埋めとなり彼は9時間後、最後に救出された。

ここでかっちゃんが海のつどいで書いた作文を紹介する。

「黒い虹」の絵

「かすみのつどい」で絵をかきました。
「きれいなにじ」を書きました。
青と黄色のにじを書きました。
月をかいて空を黒くぬりました。
ぼくをたすけてくれた、お父さんのことは、
夜におもいだします。
よくこわいゆめをみます。
いつもおねえさんが、おおきいこえでおこしてたすけてくれます。
学校でともだちに、よくどつかれいじめられます。
でもブランコやすべりだいが大すきです。
べんきょうはきらいだけどしゅくだいはちゃんとしていきます。
お父さん、てんごくでいてください。

あしなが育英会は震災直後から「激励募金」支援をはじめ様々なサポート活動を行いつつ、支援の拠点として1999年に神戸市東灘区《ひがしなだ》に最初のレインボーハウスを建設した。その命名には、かっちゃんをはじめとする573人の震災遺児たちに七色の虹を取り戻したいという願いが込められたものだった。
子どもたちへの関わり方のノウハウは、本会の源である「交通事故遺児を励《はげ》ます会」か

らの蓄積を生かしつつ、米国オレゴン州ポートランドで１９８２年から死別遺児たちへの支援活動を始めていたダギーセンターに学んだ。一軒家を改築したセンターは、幼児から高校生までを対象に、様々な遊びとおしゃべりができる環境が工夫されていた。そしてそこには、トレーニングを受けたファシリテーターと呼ばれるボランティアがいた。ティーチャー（教える人）やリーダー（導く人）には馴染《なじ》みが深かった私たちだったが、ファシリテーターという存在に初めて遭遇した。その関わり方には、家族との死別を経験しての様々な思い（グリーフ）や自らも命の危険にあった傷（トラウマ）とともに歩む子どもたちへの接し方のヒントがあった。専門家ではない私たちが市民のボランティアとともに、継続的に支援活動を続ける新たな原動力となるものであった。

## 言葉に尽くせない遺児たちの体験

２００６年には、急増するがん遺児や自死（自殺）遺児へのサポートの全国拠点として東京都日野《ひの》市に「あしながレインボーハウス」を建設した。連休に開催する宿泊のつどいを柱にして年を重ねるごとに北海道や東北、九州からも参加者が集まるようになっていた。

その中で仙台の参加者から、「地元でプログラムを開催できないか」との声が上がる。自死遺族支援で本会とのつながりのできていた「仙台グリーフケア研究会」が主体となって、本会もノウハウを伝え、２０１０年12月23日に記念すべき1回目のプログラムを開催。2回目は、春休みを利用して翌11年3月としていた。

そこに、東日本大震災が起こる。私は東京のあしながレインボーハウスでテレビに映し出される津波の映像に目が釘付けになった。グリーフケア研究会が計画していた3月のつどいは中止。以後の支援活動は、本書冒頭で山下高文が綴《つづ》った経過をたどることとなるが、できるだけ速い対応が求められたことから、7月には仙台でのワンデイプログラムをグリーフケア研究会と共同で再開すると同時に、東京のレインボーハウスの「小中学生のつどい」にも津波遺児たちを招くことにした。

そして2014年3月に宮城県の仙台市と石巻《いしのまき》市に、6月に岩手県陸前高田《りくぜんたかた》市にレインボーハウスを建設し、ケア活動を本格化する。私は2015年に初代所長の林田吉司から後を引き継いだ。

東日本大震災津波遺児の体験は、阪神・淡路大震災遺児とはさらに違う、言葉に尽くせないものだった。自らも津波にのみ込まれて助かった子どもがいた。一緒に逃げたのに、振り返るとその人はいない。親が発見されるまでに数週間を要した子ども、親の亡《な》骸《がら》が見つからないまま10年を迎えようとする子どももいる。震災当時、お母さんのお腹の中にいた子は、2021年4月で小学4年生になる。震災後に、生活や仕事に様々な影響を受けて病死や自死した「震災関連死」とみなされたケースもあった。東日本大震災で2083人が親をなくしたが、本当に一人として同じ死はないと言えると思う。そのことを忘れないでいることが何よりも大事なことだと自分自身に言い聞かせている。

## 「ひとりではない」心強さと、「時間をかけていく」力

ここで東日本大震災から10年を迎えようとする東北・神戸・東京のレインボーハウスの現在を紹介したい。

日帰りのワンデイプログラムや1泊2日の宿泊など、様々なプログラムを年齢別に開催している。保護者の安定が子どもの安定の土台となるため保護者も同伴で来てくださいとお願いしている。保護者は保護者同士で過ごしていただく。

子どもたちは、レインボーハウスという空間（おしゃべりの部屋、あそびの部屋、火山の部屋、体育館のようなホールがある）で、同じような体験をした仲間（ピア）とともに日常生活を離れて同じ時間を過ごす（私たちはこれを「時間」「空間」「仲間」の三間《さんま》と称している）。その環境の中で死別後の体験を分かち合い（シェア）、支え合い（エンパワーメント）、それぞれの経験を参考にし学び合う（モデル）。

子どもたちは一人で遊ぶか誰かと一緒に遊ぶかを自分で決める。どこで何をするかも自分で決める。

そしてそんな子どもたちに寄り添うのがファシリテーターだ。

ファシリテーターとはfacilitator、動詞のfacilitate=make it easy、「やりやすくする」という意味からきている。つまり、ファシリテーターとは「遊びたいこと」をやりやすくする、「じっとしていること」をやりやすくする、「火山の部屋で爆発すること」もや

りやすくする人をいう。主導権は子どもにもたせ、よけいなことを言わず、求められない限りアドバイスもしない。そばにいる、一緒に遊ぶ、「あのね」と言って来たら「なあに」と応答する存在である。

またすべてのプログラムの核ともいえるのが「おはなしの時間」で、季節ごとに工夫されたテーマに沿いながら「自分の今の気持ちに丁寧《ていねい》にふれる時間」を過ごす。しかし「言いたくないことはパスできる」というルールがあり無理強いはしない。安心・安全が壊れてしまうからだ。

死別経験とともに生きている子どもたちの様々な思い（グリーフ）は、現在進行形で日々成長とともに変化していく。グリーフは誰かが代わることができない。本人が「丁寧に触れ扱う力」をつけていくしかない。そのため時間がかかる。だが応答する人がいると「あのね」という機会が増える。仲間がいれば「ひとりではない」心強さが「時間をかけていく」こともできる力になる。

それが神戸、東京、東北と26年かけて、積み上げ掘り下げ持続してきたレインボーハウスだ。この作文集にある小学生から社会人までの作文は、レインボーハウスで生まれたもの、レインボーハウスで経験した関わりの中から紡《つむ》ぎだされた結晶だと思う。

2020年、新型コロナウイルスが日本と世界を混乱の渦に陥《おとしい》れている。多くの人々がなくなり、様々な影響から自殺に追い込まれる人も急増している。親をなくす子どもたちも日々増え続けている。東日本大震災遺児支援を続けながらレインボーハウス活動を今後どのように展開するか、新しい課題が表れつつある。

にしだ・まさひろ／1960年、福岡県生まれ。12歳の時に父親をなくす。高校・大学と奨学金を利用し進学。大学卒業後、交通遺児育英会入局。97年からあしなが育英会で勤務、2015年から現職。仙台・石巻・陸前高田レインボーハウスを統括。共著に『死別を体験した子どもによりそう～沈黙と「あのね」の間で』(梨の木舎)がある

第2章

# ママがいてほしいとき——

## 「その後」の作文

震災から数カ月、数年を経て、当時小中学生だった子どもたちがつどいの中でなくなった家族を想い綴った作文を集めました

# 「あなたのことを思っていたんだよ」

T・M

わたしのお父さんは、トラックの運転手をしていました。トラック運転手ということもあって、いろんな道を知っていました。なので、出かけるときはいつも、お父さんが運転をしてくれました。とても楽しかったです。

でも震災によってお父さんは、亡くなってしまったのです。

旅行などでも、お母さんだと道がよく分からないと言って車で行くことは無くなってしまいました。

学校に行くと友達によく、お父さんはどういう仕事しているの？と聞かれたりしました。その時なんて答えれば良いのか迷いました。わたしは、しばらく、だまって「なんで？」と言ってしまいました。友達は、なんでって、別にただ聞いただけだよ、と言いました。わたしは答えたくなかったのではなく、ただ言ったら泣き出しそうになるから答えづらかった……だけだったんです。けど、そんなことは分かるはずが無いなぁと思いました。

わたしが一番気になったことは、お父さんは最後どういう思いだったのだろうと。お母さんは「あなたのことを思っていたんだよ」といっています。

わたしは、よく分からないけど、お父さんの分までがんばりたいと思います。あしなが育英会に来てわたしは、とても楽しく思う気持ちが多くなったなぁと感じます。うまく、まとまりませんが、わたしが言いたいことは今まで支えてくれた家族、あしなが育英会のみなさんにありがとう、と言いたいです。

（２０１２年３月）

## 水びたしの町

私は、去年の震災でお父さんを亡くしてしまいました。

私の家は地震の被害だけですみましたが他のところでは家が水びたしになったり、あまりにも、ひどいところでは家も周りの家々も店も全部無くなってしまったところもあります。よくその場を見に行こうとする人がいたりしますが、私は絶対に行きたくありません。なので見に行ったりはしていません。

きっと、お父さんはこんなになっている町を見たくなかったのかなあと思います。お父さんは、震災から４カ月後に発見されました。着衣はつなぎだけだったそうです。（お母さんは）私にはその姿を見せてはくれませんでした。でも、その理由は、なんとなく分かってはいました。かなしかったです。

あしなが育英会にこれて、私は良かったなぁと思います。前までは、写真を見ると悲しくなるからと言ってなかなか写真と目を合わせられませんでしたが、みんなの話を聞いて気づきました。

（2012年5月）

# 家族の前でも泣かない

Ｉ・Ｓ

お父さんが亡くなって1年が過ぎました。

お父さんがいなくて困ることは、お母さんの仕事が忙しくなって帰りがおそいことと、中学校でお父さんの話になると、お父さんがいないということを言えないことです。

同じ小学校だった人は知ってるとは思うけど、心友《しんゆう》の３人以外には言えません。「お父さんはこういう人」ということは、ふつうにみんなと話すけれど、「だけど亡くなって、いない」という事は、３人以外は言えません。そういうとき、すごく思い出して悲しくなるけれど、人前や家族の前でも泣かないです。誰もいないところで1人で泣きます。

だけど亡くなって1年の命日のときは、学校に行って歩いてるとき、心友３人の中の1人の前では泣いてしまいました。心友３人は本当に大切です。

レインボーハウスでは普段言えないことも言えるので、こういう場所があるって本当に嬉《うれ》しいです。

（２０１２年５月）

# 自分の道を切り開いていく

私はバスケ部に入っていて、バスケはすごく楽しいです。お父さんはバスケ経験者でバスケが上手かったので、色々と教えてほしいなあと思います。

もうかなり3人の生活は慣れたし、毎日楽しいのでふつうに楽しく暮らせていますが、お父さんがいた方が絶対楽しいです。

でもお父さんが亡くなることは運命で決まっていたことだと思うので仕方ないことなので、これからも私はどんどん自分の道を切り開いていきます。そして超ハッピーな人生にします！

（2012年12月）

# あのときにもどれたらいいな。

吉田芳広

ママがいたらいいな。そしたら、楽しかった。でも、ぼくだけじゃないんだ。１人で泣きます。ママのハンバーグを食べれたら、元気になる。べんきょうもできるようになる。テストも70点以上になる。
でも、ママは、いない。死んだ。悲しい。おとうと、まっさもいない。ばあちゃんもいない。ローソンも遠い。マイヤも遠い。ゲオも遠い。仮せつじゅうたくは、大変だった。やっと、新しい家ができた。本当に、うれしい。でも、あのときの生活にもどれたらいいな。

（２０１３年12月）

# おとうさんのにがおえ

おとうさんいつもあそんでくれてありがとうおとうさん。
おとうさんのにがおえ、いつもあそんでくれたえだよ。

吉住さなえ*

（2011年12月）

きれいなたまごやきおいしかったよ

おかあさんへ
おかあさんいつもごはんつくってくれてありがとう‼
おかあさんいつもせんたくしてくれてありがとう‼
あしながレインボーハウスにつれてってくれてありがとう‼
いつもねるときほんをよんでくれてありがとう‼　すき
おとうさんへ
いつもいっしょにあそんでくれてありがとう‼
いつもごはんつくってくれてありがとう‼
おとうさんだいすき‼　きれいなたまごやきおいしかったよ

（２０１２年３月）

## 大工だった父

萩原颯太

ぼくは昨年、津波で父を亡くしました。

父は、大工をしていて、たまたまその日だけ、宮城の名取市で仕事で、地震が起こり、津波の注意報が出ても、父は、まじめだったので、道具をかたづけに行き、津波にあい亡くなりました。

それで今回心のケアプログラムに参加して、悲しんでいるのは、ぼくたちだけじゃなく、いろんな人たちも悲しみながら住んでいることが、分かったし、ファシリテーターの人たちも、だれかを亡くしていてでも、ここに来て、みんなと、遊んだりしているることがすごくいい人達だなと思いました。ぼくも、こういう人に、なりたいなと思いました。


（2012年6月）

## 悲しい感じの空気

ぼくのお父さんは、すごくやさしくて、がたいが良くて休みの日は、どこかにかならず出かけたり、ゲームやトランプしたりしてすごくいい人でした。

お父さんは、震災でたまたま仕事で津波にあい亡くなりました。

お父さんの遺体を見ることは出来ず、それに、かそう場も見れずに、お墓に行ってしまいました。ぼくは、お父さんの遺体を見てなくても、悲しい感じの空気がお母さんやおばあちゃんから伝わって来て、涙が出たりお父さんの思い出などがうかんできました。つい2カ月前までは、亡くなったことをうけ入れられなかったです。

最近になって受け入れられるようになってから、苦手な社会の教科をおしえてもらえたらな……や、また出かけたり遊んだりしたかったです。

いまは、中学校で、新しい友達ができて、休みの日や部活の日の後半や前半の時に遊んだりして楽しいです。勉強は、ほぼ毎日しています。

部活は、バレー部で、ほかの部よりも先ぱいはやさしく、部が仲が良いと言われます。部活は、もうベンチ入りして、最初の時よりも、練習にほとんど参加できて日々どんどんうまくなっていると、先生から言われます。

これからも部活と勉強をがんばりたいです。

（２０１２年８月）

## 父を見直したい

東日本大震災で、父を亡くしてもう2年2カ月がたちました。

父が亡くなってから、あしながレインボーハウスに来るようになって、普段自分の友達に話せない事を話すことができて、気持ちがすっきりしました。

それに、自分と同じような人達と、たくさん友達になって、遊んで、1日、2日とすごせて、すごくたのしかったです。

父がいなくなってから困ったことは、前まで父が行っていたことが全部自分に負担が乗ってきたことです。

前までは、父と自分で運んでいた車のタイヤ運び、何が入っているのかわからないすごく重い段ボール箱などの仕事も自分の負担になったし、妹の世話も、自分の負担になり毎日毎日がすごく疲れることばかりです。

自分が体験すると、父がどんだけ疲れていたかが、すごくわかりました。だけど父は、どんなに疲れていても、疲れているという顔も言葉も表しませんでした。

僕は、そのような父を見直したいです。


（2013年5月）

短い時間だったけど内容がパンパン

僕は父を震災で亡くしました。父が亡くなったときは悲しみもありましたがびっくりする方が大きかったです。

それからあしながから支援金をもらうようになり、そのお金で学校に通い、父がいた時ほどではないけど少しずつ前のように戻ってきたように感じています。支援金をもらいながら今回のようにつどいに参加して、たくさんの人たちと知り合い、遊んだりして、楽しく皆さんと時間をすごさせてもらっています。

将来、ちゃんと勉強して、しっかりとした職について母に親孝行したいと思います。

今回レインボーハウスに来て、前に会ったことがある友達や、毎回会っている友達、初めて会う人と遊んだり話をしたりしました。

心のケアプログラムでは亡くなった人の事などを話して将来のことも考えたりして、静かな時間をすごせました。

今回したホットケーキ作りは、３つの味を作ってトッピングして、皆で食べました。３つの味を食べて、どれもとてもおいしかったです。協力することで、もっと友達のことを知れたと思いました。

その他にもいろんな事を話して遊んで、すごく短い時間だったけど内容がパンパンで、時間以上のことをしたように感じました。

今度は新しくできる仙台のレインボーハウスのつどいにも行きながら東京のつどいにもたくさん参加して、新しい友達を作ってたくさん遊んだりしたいなと思いました。


（２０１３年８月）

# また父と遊びたいな

僕は、東日本大震災の津波で父を亡くしました。

父が亡くなってから勉強を教えてもらえなく、母では力が足りないことがたくさんあります。

でも、僕が母を手伝うようになり、母のできなくて、いままで父がしていた仕事を補うことができてきました。

今回、東京のレインボーハウスに来て、(ファシリテーターと)父としていたキャッチボールなどをして遊びました。僕はいろんな遊びをしながら、また父とゲームをしたりして遊びたいなと思いながら遊んでいました。

心のケアプログラムでは、学校での生活のことなどを話しました。僕は学校では、部活であるバレーボールに入っています。僕のチームは、市のベスト4ぐらいに入るくらいの強さで、練習は厳しいけれど、とても楽しくやっています。

しかし、来年1年生が入らなければ、部がつぶれてしまうかもしれません。でも、それは来年考えると先生が言いました。まずは、春期大会で県大会へ行くことを目標にして練習していきます。


(2013年11月)

# あこがれていた仕事

父が亡くなって、いままで父がしていた力仕事など、僕が行うようになりました。父が亡くなったのは僕が小5の時だったので力がぜんぜんありませんでした。でも、今は中2になって力もついて、父が行っていた力仕事もこなせるようになりました。

僕の将来の夢は大工になることです。その大工は父がしていた仕事で、ずっとあこがれていた仕事でした。僕は力があるほうだと思っているので、しかもその力を生かせる仕事をしたいと思っていたので、その仕事が自分のしたい事のベストだと思ったのでその仕事を目指したいと思います。

僕は、父が亡くなり、兄妹3人を育てる母がしている僕でもできる家事をして、少しでも母の負担を軽くしたいと思います。

それと、自分の中学校生活の中にある「勉強」そして「部活」を頑張りたいです。僕は来年度受験生になるので、毎日少しでもコツコツと頭の中の経験を積みたいと思います。

僕は、これから毎日、「勉強」と「部活」、「母の家事の負担の軽減」を目標に向かってサボルことなく、こなして中学校生活を送りたいと思います。

（2014年1月）

## ママがいてほしいとき

M・A

ママは、やさしくて、おもしろくて、いつもにこにこしていました。

私とママの顔がにていると友だちに言われていました。

ママがいなくなってから、パパが料理を作っています。「手伝って」と言われたりしてたいへんです。

ママがいてほしいときは、運動会のときとおふろに入るときと、おかしを買いに行くときです。ママはチョコレートが好きだったので、いつもママとスーパーにお菓子を買いに行ってました。

ママは3月11日の東日本大震災のつなみでなくなってしまいました。


（2012年7月）

## ステッチのぬいぐるみ

私が小学2年生の時に東日本大震災でお母さんを亡くしました。そのとき私はお母さんが助かったと思って信じていました。

そして、ひなん所でお母さんが見つかったという情報が入ってきました。ビックリしました。

かそう場に行ったとき、お母さんを中にいれたくないなと思いました。お父さんとおにいちゃんが火をつけたときにつけたくもありませんでした。終わってお母さんが夢に出てこなくなってそのことをお父さんに言ったらお母さんは天国に行ったんだね、と言われたので安心しました。でもお母さんがいなくなってしまったので料理やそうじが大変でした。

お母さんはユーフォーキャッチャーがとても好きでいつもスティッチのぬいぐるみをとっていました。なので私も友だちとゲームセンターに行ってユーフォーキャッチャーをするときかならずスティッチのぬいぐるみをとってあげます。

かぞくりょこうに行くときお母さんもいればいいと思いました。

（２０１３年１月）

# みんな気持ちは「同じ」

対馬秀成

僕のお父さんは、僕が小学校5年生のときに東日本大震災で亡くなりました。お父さんがいなくなってしまったので、今は、お母さんが働いています。だから、前よりお金がなくなり、少し厳しい生活をしています。それからお父さんが亡くなってからなぜか、お母さんは、今まで以上に厳しく、ときには優しくなりました。

お父さんとの思い出はたくさんあります。もしお父さんがまだ生きていたら、いろんなところにもっとつれていってもらいたいです。

今回の東京でのつどいはすごく楽しかったです。班のみんなが仲良く接してくれ、元気をくれたからです。特に、同じ班の男の子がよく放心状態になりみんなを笑わせてくれます。

つどいの中で他の人の話を聞いていたら、親が交通事故で亡くなったり病気で亡くなった人もいました。みんな気持ちは「同じ」だなと思いました。僕は、来年もこのつどいに行きたいです。

そして僕は大きくなったらファシリテーターになりたいです。なぜならファシリテーターのおかげでつどいを楽しく過ごすことができたからです。そのためにいろいろな勉強をして少しでも同じような人たちの心のケアができるようになっていきたいです。

（２０１４年１月）

# 淋しいからだからお願い帰ってきて

川崎あゆ*

大震災からもう1年がたった。そして、母がなくなって1年がたった。

はやいんだか遅いんだか良くわからないけど、1年がたってしまった。

この1年は初めての経験をした。

母がいない生活。こんなにも淋しいなんて……。

何でも相談したりしていたのに、沢山おしゃべりもしていたのにもうできない……。

急に居なくなった母。3月11日に戻って欲しいと何度も思った。

戻ったら、学校を出て家に行って助けたいとか、自分も一緒にいたいとか、無理な願望があった。

淋しい時、何度も母の事を思い出してしまう。母だったらどうするのだろう。

会いたい。会って話がしたい。1年たった今でもそう感じる。

お母さんはどこで何してるの？

今も気仙沼にいるの？

淋しいから、だからお願い。帰ってきて。


（2012年3月）

# お空から、ちゃんと見ててね。

川崎みく＊

私は、あしながレインボーハウスの全国小中学生遺児のつどいに出ました。心のケアプログラムでまいちゃんというファシリテーターの人と、家ぞくの人のことをそうだんしました。わたしは、３月11日の、大しんさいで、ひいおばあさんをなくし、お母さん、お母さんのいもうと、おじいさん、おばあさんがあんぴふめいです。

みんながいなくなってから、なんでお母さんたち、さんかんびやいろいろなぎょうじにこないのと言われることが多いです。それで、そのことを友だちに言ったほうがいいのか。言わないほうがいいのかをまよってしまいます。

でも、お母さんたちは見ています。なのでわたしも、くじけないでがんばろうと思います。

お母さん。お母さんのいもうとさん、おじいちゃん、おばあちゃん。ひいおばあさん。お空から、ちゃんと見ててね。ぜったいだよ。やくそく。バイバイ。

（２０１１年12月）

「みんな、ありがとう。」

わたしのお母さん、おばさん、おじいちゃん、おばあさん、ひいおばあさんは、東日本大震災で亡くなってしまいました。みんなやさしいわたしの家族でした。

みんながいなくなってから、こまることがいっぱいありました。

学校のぎょうじは、お父さんも仕事でいそがしいし、おねえちゃんも部活、いつも、1人です。みんながいたときは、さんかん日にきてくれたりしていました。1人の時がなかったです。

お母さん、いつも、いっぱいおいしいりょうりしてくれてありがとう。とてもおいしかったよ。みんないっぱいいっしょにあそんでくれて、おりがみをおしえてくれて、ほんとうにありがとう。みんなみんな、本当に、ありがとう。もし、なにがあろうと、ぜったい、わすれないからね。

（2012年3月）

# あしながレインボーハウス

私は、宮城県気仙沼市から11回目のつどいに参加しました。小学1年生の時、家にいた母親、おじいさん、おばあさん、ひいおばあちゃん、母の妹が亡くなってしまいました。

今は、姉と父と私と住んでいます。もうすぐひっこす予定です。私はあしながレインボーハウスにたくさんの友達がいます。もちろん今回も友達が出来ました。いっしょに遊んでいたら、気づきました。みんな私と同じだという事です。さびしいのは私だけじゃないという事です。あしながレインボーハウスのみんなは、みんな私と共通点があるのです。

みんなも、がんばっているので私も、がんばろうと思います。


（２０１３年11月）

# 今後もずっと悲しみがある

金子咲希＊

私の家の仏壇には、毎朝お線香の煙が立ち昇る。それが私のつけたものだったことは一度もない。

私は、仏壇の前に座ることが嫌い。父が死んでから一度も落ちついて座ったことがない。修学旅行の出発の日、受験当日、何かある時に母が私に言うことは決まっている。

「お父さんにお線香つけた？」

私は「つけたくないから」と答える。仏壇の前に座ると父との思い出ばっかり思い出してしまいそうでこわいのだ。大事な日に朝から悲しみたくないし、父に悲しんでいる顔を見せたくない。それにお線香をつけると父の死を受け入れているようでイヤなのだ。

今日のケアプログラムでたくさんの話を聞いた。ファシリテーターの話を聞くと今私が感じている悲しさは大学生くらいになっても消えないことが改めてわかる。私の心には、今後もずっと父の死への悲しみがある。父の発見を待った数日間や腐りかけていた遺体、思い出してしまうと涙が出る記憶ばかり。

でも、そんな記憶とは比べものにならないほどの父との楽しかったこと、大切な思い出がたくさんある。私は、悲しいことよりもそれを思い出して父の仏壇に座り笑ってお線香をつけたい。そうなるまでには時間がかかると思う。

でも、新しい制服に身を包み新しい生活に期待でいっぱいの笑顔を父にしっかり見せたい。

（２０１３年３月）

# パパのおはかまいり

大野優斗*

おはかでパパのおはかにいれてはなをあげてせんこうをあげおまいりをしました。
パパはてんごくにいくためにまいにちてをあわせてがっこうにいきます。もうすぐ
パパはてんごくにつきます。

（２０１２年３月）

# やさしかったパパ

パパをなくした　つなみでのみこまれた。
3月11日でなくした　やさしかった。
おそうしき　かそうば　おはか。
ゲームをかってもらう。
パパにあそんでもらった。
パパはやさしかった。
パパはかっこよかった。
パパはウィーをかってくれた。

（２０１２年９月）

# 見知らぬあしながさんへ

大槻晃弘

僕は東日本大震災で、母と一緒に流されて、自分だけが助けられ、母は亡くなりました。あれからずっと、今でもなぜ母は亡くなってしまったのだろうと思っています。震災後の２週間、母を亡くした実感が湧かず、震災前の性格よりも大きくかけ離れた自分がいました。感情を表現することができなくなっていました。鏡で自分の顔を見てみると、自分で驚くぐらい、根暗な顔をしていました。そのせいで、学校生活で深い挫折をあじわいました。

そんな中、出会ったのがあしなが育英会でした。

あしなが育英会に初めて行ってみると、自分と同じ子供達が沢山いました。原因は違うけど、いろんな理由で親を亡くした人がいると知って、自分だけじゃないんだと思いました。あしながに来ていた子供達や、ファシリテーターの人と、すぐに友達になることができました。学校では話せないことを話したり、思う存分遊んだりすることができました。

その後から、家での生活や、学校生活に変化がでるようになりました。震災前と同じように、常に明るい性格に戻ることができました。

本当にあしなが育英会の人々に感謝しています。あしながさんのおかげで、いろんな人々に出会って、いろんなことをして、いろんな話をして、とても楽しい時間を過ごすことができました。東京のレインボーハウスにも何回か来て、石巻と同じように、たくさんの友達とファシリテーターに出会えることができました。

僕は、来月から、高校生という新しい階段を登ることになります。

このことによって、東京のレインボーハウスには、来れなくなります。東京で出会った友達やファシリテーターの人達と会えなくなるのが悲しく思います。しかし僕は、みんなとまた会えると思います。場所が遠く離れていても、心さえつながっていれば、いつかまた出会えると思っています。そう信じています。

高校生という新しい階段を登っても、それは、悲しいことではなく、逆に楽しいことだと思います。なぜなら、新しい人々に出会って、いろんな話をして、いろんなことをして、友達になったりしていけるからです。

あしながさんには、本当に心の底から、感謝しています。

今までありがとうございました。

そして、これからもよろしくお願いします。

（2014年3月）

## まだ見つかっていないお父さん

M・M

わたしは、小学2年生の時、東日本大しんさいのつなみでお父さんをなくしました。なくなってから1年と6カ月くらいたちます。お父さんはまだ見つかっていません。でも、おそうしきはしました。

お父さんの仕事は、役場で働いていました。たぶん、仕事に用事で避難所への誘導係りなどをしているさいちゅうに、津波に流されてしまいました。早くお父さんがみつかってほしいと思います。

（２０１２年７月）

## 生きてると信じて

私は、小学2年生の時に、お父さんを東日本大震災でなくしました。

地震の時は学校にいて、近くの高台にお姉ちゃんとにげました。その後、いとこのおじさんがむかえに来て無事に家に帰ることができました。家は山のほうにあったので無害でした。でもお父さんだけがいなかったのでびっくりしました。

その後5日ぐらいたってもお父さんが帰ってこなかったのでお母さんに聞いてみたら、「たぶん流されたかもしれない……」。聞いた私はショックでした。どうして私のお父さんが流されなきゃいけないのと思いました。

その後からはずっとお母さんとおじいちゃんが自転車で遺体安置所にいくようになりました。その時から、もうお父さんに会うことができないのかなぁと思うことが多くなりました。でも、まだ生きていると信じていました。

3年生になったころやっと学校がはじまりました。学校はとなり町だったのでスクールバスで通っていました。学校では4か月くらい会っていない友達とも会うことができて良かったです。でも転校した人もたくさんいました。それに、お父さんもまだ行方不明のままでした。3年生の10月ごろに仮設の小学校になりました。

4年生になると、お父さんは、まだ見つかってなかったけどおそうしきをやることになりました。私はすごくショックでした。それにおはかを作ることになりました。でも、見つかることを信じようと思います。


（2013年1月）

## なくなったお父さんへの思い

わたしのお父さんは、東日本大震災でなくなりました。

お母さんは、毎日お父さんをさがしに自転車で遺体安置所まで出かけていきました。

そのころは、毎日「行っても見つからなかった」と言っていたので遠くの町でのんきにくらしているんじゃないかと思っていました。でも何カ月経っても見つかりませんでした。

家は高い所にあったのでお父さん以外が全員無事でした。いとこの家や親せきの家は流されたので、私の家に来ました。その日からは、楽しい毎日が続きました。でも時々お父さんの事を思いだしてさびしくなる時がありました。でもみんながはげましてくれました。

まだ、お父さんは見つかっていません。だけど仏壇はあるので、たくさんおがんであげたいです。そして、どうか安らかにねむってほしいと思います。

（２０１４年３月）

# とくべつあつかいはいやだ

萩原彩葉《さわは》

3月11日地震がおきて、つなみがきました。パパはそのつなみにのまれて亡くなってしまいました。

お父さんに、運動会や学芸会もみせたかったし、学校の事でそうだんにのってほしかったです。パパがいなくなってから笑いもなくさみしかったです。1カ月たっても笑いません。でも6月の運動会の前日、久しぶりに笑いがでて私は、明るく元気になりました。

それとともに、がんばりすぎて、はらいたもおとずれました。そのときはがんばりすぎというのはわからなくて、「なんで、おなかがいたいんだろう」とずっと思っていました。でもママにきいたら、「あなたは、がんばりすぎだから、がんばんないで」と言われました。でも、まわりのみんながちゃんとしていなくて、私ばっかりたよってくるのでたいへんでした。

私のパパがなくなって1年4カ月たちます。パパがなくなってから、きょうふしんが多くなりました。4人家族だけだと心ぼそいし、お兄ちゃんだけが家族でゆいいつたよれるそんざいです。

パパのかっこうはメガネとぼうしをして、服はせなかが濃い柄のTシャツで、ズボンはジーンズです。私がこんなときにパパがいたらなあと思うのは勉強のときです。ママはいつもいそがしいからです。

学校でこまっていることは、パパがいなくなったとはなしていないことと、先生にとくべつあつかいされることです。私は、先生にほかの人みたいに、とくべつにあつかってもらいたくないせいかくだからです。


（２０１２年６～８月）

## つどいで元気に

私の、パパのせいかくはおこるとこわくてでも、やさしかったです。

パパが亡くなって変わったのは、家の中がしずかになったことです。

でも、つどいにきて元気になりました。

つどいで、楽しかったことは、りりんとたまごんといっしょに、アートのへやで、いっしょにつくったり、かいたりしたことです。

おしゃべりのへやは、お人形がいっぱいあっておちつきました。

またつどいにきて、たまごんとりりんとあそびたいです。


（２０１３年１月）

## 家族の話をしてもらいたい

お父さんがいなくなってから2年がたちます。

お父さんがいなくて困ることは、友達が家族の話をしているとき「さわちゃんの、お父さんはどんな人なの」と言われたときにどうやってこたえればいいかわからないので困っています。

それともっとお父さんとゆうえんちやディズニーランドなどにいっぱいつれていってほしかったたし、学校の事でも話したかったしいろいろアドバイスをもらいたかったです。

学校では、私のお父さんがなくなったことをしっているのは3～4人です。その3人は、私の前で家族の話をしないので、逆に気まずいので友達にも家族の話をしてもらいたいです。

（2013年5月）

## いなくって言えない

お父さんが亡くなってから2年と5カ月がすぎました。

お父さんがいなくなってこまることはお母さんの仕事が忙しくなってあまり2人で

はなすきかいがないから、小学校でお父さんの話になると、お父さんがいないということを言えないことです。

同じクラスだった子は知っていると思うけど、友達４人以外には言えません。「お父さんはこういう人」ということは、ふつうにみんなと話すけれど、「亡くなって、いない」ということは、４人以外には言えません。そういうときすごく思い出して悲しくなるけれど、人前や家族の前でも泣かないです。

だれもいないところで１人で泣きます。レインボーハウスではふだん言えないことも言えるので、こういう場所があると、すごくうれしいです。

（２０１３年８月）

# 自分だけじゃないんだ

手塚瑛《あき》斗《と》

父親が亡くなった3月11日になると、母が「なんでウチだけ悲しい思いをしなきゃいけないの」と毎回言っている。自分でもなぜウチだけ不幸になるんだ、と思っていた。

中学生になってから不登校の毎日で、たまに顔を出すと友達に優しくしてもらうけど、うまく表せなくて、皆には、「ありがとう、だいじょうぶ」と言っているけど本当は学校に来るのもつらい。学校のカウンセリングもイヤで自分の過去を話してなにか良いことでもあるのか?と思ってたけど、中学2年生になってもうすぐ3年生になろうとした時に東京レインボーハウスに行った。

会には自分とおなじ体験をした人達がいて自分だけじゃないんだ、一人だけじゃないんだ、そう思って、今までのモヤモヤしたキモチを話せて心がスッキリした。中学3年からは、「過去を忘れずに、前を見ていこう」そう思いました。

（2014年3月）

# お父さんへの気持ち

吉住友華＊

お父さんが亡くなって2年、3月11日のことを今でも覚えています。あの日の事を思うと胸が痛みます。お父さんは、とってもいい人でした。「だめな時は怒る」「いい事をしたときはほめてくれる」……そんな人でした。

私は、お父さんが亡くなってわかった事があります。それは、「命は、かけがえのない大切な物」「お父さん・お母さんが亡くなるのは、とても悲しい」ということ。

私は、レインボーハウスにきて、初めて命の大切さを知りました。お父さんとお母さんがいるのは、あたり前だと思っていたけど、私がいるということは、お父さん・お母さんがいたから私がいるんだ！とわかりました。

「お父さん、いままでありがとう」

（2013年5月）

ともに歩んで❷

# 自分を大切にする術を

石巻レインボーハウス担当　阿部結花

「成長」を広辞苑で調べると、「①育って大きくなること。育って成熟すること」などとある。高校を卒業し、18歳以上になった遺児たちが集う「にじカフェ」を担当している私は、彼らがしっかりと成長(成熟)しているように感じる。真っ直ぐに伸びていくだけでなく、様々な方向へ紆余曲折《うよきょくせつ》しながらも、一人ひとりが自分の道を歩み進めているからだ。にじカフェが開始された頃に参加していた遺児たちは大学や専門学校を卒業し、夢見た職についたり、学びを深めるために進学したり、結婚して親になったりしている。

これまで、18歳以上の遺児たちからたくさんの話を聞いてきた。震災のことはもちろん、なくなった大切な人のこと、自分や家族、きょうだいの将来のこと、勉強、就職、恋愛まで多岐にわたる。自然発生した雑談だけでなく、あえて毎回テーマを設けて「おはなしの時間」を行ってきた。様々なことを胸に抱えている遺児たちが、日頃の忙しさに走り続けている身体と心を休めて、自分自身と向き合うために。

最初のうちは、思うように自分と向き合えず、自分の気持ちを表現することがとくに難しいようだった。ワークシートを用意しても、なかなかペンが進まない。それでも繰り返し継続していくうちに、

「前まではなかなか自分の気持ちを表現できなかったけど、今はすらすら言える。『今の自分』『これからの自分』といったシンプルな質問なのに、なぜ答えられなかったんだろう。でも、それぐらい人生に悩んでいたし、どうしたらいいかわからなかったんだと思う」

「今までは考えてもスムーズに書くことができず、正直嫌いなプログラムだった。できない自分も嫌だった。でも続けているうちにスムーズに書くことができて、自分の成長を感じた」

といった声も聞こえてくるようになった。

自分と素直に向き合い、自分を大切にすることができた時、遺児たちはリラックスし、表情が豊かになっていく。これからも楽しいことや嬉しいことがある反面、きっと悩むことも落ち込むこともあると思う。その時は、「自分も大事、相手も大事」という自分を大切にする術《すべ》を通して、力強く生きていってほしい。

アメリカでは、2003年からダギーセンターなどでyoung adult group（18〜24歳）やolder younger group（25歳以上）という年齢の高い遺児に向けたケアプログラムが行われている。それまで18歳までのプログラムしかなかったが、18歳になったからといって死別による様々な問題がなくなるわけではなく、地域の大人のサポートプログラムなどでは配偶者をなくした人たちが集まっていたからだそうだ。

レインボーハウスも遺児たちが〝子ども〟から〝大人〟になっていく時こそ、彼らの心に寄り添っていきたい。死別体験含めライフステージによって自然と生じる悩みや不安を話せる場の一つとして。

あべ・ゆか／1991年、山形県生まれ。10歳の時に父親をなくし、あしなが奨学生として高校・大学へ進学。現在は石巻レインボーハウスで子どものプログラムを担当

第3章

# 歩き出す準備は整った──

## 「10年間」のインタビュー

過去の作文から当時を振り返りながら
「今」について聞いた、3人の成長の記録

父がいなくなって…

今年度の東日本大震災の津波で父をなくした。父は、昔から病気にかかっていた。
僕は、父さんと一諸にゲームをしていた。
父さんは何事にも全力を尽くしていけといっていた。
父さんは洗たくをし食品を洗い、飯を作ってくれていた。
父さんがなくなる前にお母さんと話してい

た。
父さんは、原発から近くにいて、探しに行ったけれど、水素爆発により探せなくなった
父がいれば、あしながレインボーハウスにこなかったと思う。でも震災で父をなくし、レインボーハウスに来た、これは運命かもしれない。
これからも一生懸命に生きていきたい。

作文

# なぜ山から海に行ったの？

大野康太＊

## 2011年12月 「父がいなくなって…」

今度の東日本大震災の津波で父さんを亡くした。

父さんは、昔から病気にかかっていた。

ぼくは、父さんといっしょにゲームをしていた。

父さんは何事にも全力を尽くしていけといっていた。

父さんは洗たくをし食品を洗い、飯を作ってくれていた。

父さんは亡くなる前にお母さんと話していた。

父さんは、原発から近くにいて、探しに行ったけれど、水素爆発により探せなくなった。

父がいれば、あしながレインボーハウスにこなかったと思う。

でも震災で父さんを亡くし、レインボーハウスに来た。

これは運命かもしれない。これからも一生懸命に生きていきたい。

## ２０１２年１月　「母を支えたい」

ここ（レインボーハウス）に来たのは運命かもしれない。なぜなら震災がなければ父が死ななく、ここにもこなかったからだ。父が亡くなってから、家の様子は変わった。洗濯は父がおもにやっていたが、今は母がやっている。その他もいろいろ。

母のように強く、たくましく、父の代理人として家計を支えていきたい。また、母は仕事を、２時間もはやくおわるようになったから、その分支えていきたい。

学校は、先生が甘く、でも、社会の先生は細かく、厳しく、授業の時間をつぶすからとても嫌い。勉強をしっかりやり、学校の生活をがんばっていきたいです。

## ２０１２年３月　「なぜ山から海に行ったの？」

ぼくの父さんは3月11日に起きた東日本大震災の津波で亡くなりました。亡くなった父さんは、３月11日に山にいました。その後、海に行ったそうです。お父さんはラジオを聴いていたにもかかわらず、なぜ山から海に行ったのか不思議に思いました。

父が亡くなってから、当分おばあちゃんのいえですごしていました。その時、まだ父さんはみつかりませんでした。父さんがみつかったのは、３カ月後ぐらいの夕方でした。

部活途中によばれ、きゅうきょ帰り、おばあちゃんの家に急いでいきました。その日父は見つかりました。父の服そう、持ち物、すべてそっくりそのままのこっていて、なにもとられていませんでした。

もし父さんがいきていたのならば一緒にゲームセンターにいったり、ゲームをやりたかったです。今は3人暮らしになりました。母と弟のことを支えていき、母の手伝い、洗濯や食器洗い、弟の面倒を見たりして、母の負担を少なくしてあげたいです。

学校や部活も頑張っていきたいと思います。

## 2013年1月　「あしながレインボーハウスがあって……」

僕のお父さんは東日本大震災でおきた津波でなくなりました。

その日の朝はいつもどおりにすごし学校に行きました。午後2時46分に地震が起きた。地震が普段より強かった。その日は母がきて、父と連絡がとれてホッとしました。けれど父は帰ってきませんでした。

その日から自宅ではなくおばあちゃんの家で過ごすようになりました。でも1日、1日すぎても帰ってきませんでした。

それから数ヵ月たって学校にいた僕に連絡がありすぐに帰るように言われすぐに帰りました。父がみつかったといわれました。よかったかどうかわからなかったです。1週間学校休みました。

それから母があしながを見つけて初めてここ東京あしながレインボーハウスにきました。自分と同じ想いをした人はいるのかどうか不思議とわかりませんでした。でも心のケアプログラムでぼくと同じ想いの人がいると分かりました。少しホットしました。家族を亡くしたのは僕だけじゃないとわかりました。悩みも打ち明けてよかったです。自分の中のもやもやを言えてよかったです。

東京あしながレインボーハウスがあったから、自分は頑張れて、家族みんなが笑って楽しみ今過ごせているんだと思います。ほんとにここに感謝をしています。ありがとう。

## 2013年5月　「震災から2年と受験生の自分」

震災から2年と2ヵ月がすぎた。すぎたというか「たった」という感じでいる。

あの日は小学6年生で帰りの学活だった。地震が起きた。その後津波がきた。学校のテレビで見ていた。母が来ておばあちゃんの家に避難した。

中学に入って数ヵ月後に、父が小高区で見つかった。その後から一回も小高区に行ってない。行きたいけどいけない。悲しみ。苦しみ……いろいろな想いがでてくる。震災から2年経った今も行けない。いや自分が拒否している。父が死んだ場所へ行きたくない。でもいつか行きたいと思っている。それまで父は待っててくれてると思う。

今年から受験生となり忙しくなってきた。1学期中は部活中心。2・3学期は勉強をしていけと先生にいわれた。今は中体連という3年生最後の試合がある。今はそのためにいっしょうけんめいに部活をやっていきたい。

夏休みは塾の夏期講習があり、1日中勉強のひびに追われる。2学期も勉強。そして3学期には毎日受験勉強におわれていると思う。きちんと残りの日数を大事にしていかないと受験に失敗すると思う。だから頑張っていきたい。

天国にいる父さん。いや僕の心の中にいるお父さんが、僕の事を見守って受験に合格することを願っていると思う。

## 2014年3月　「あしながさんに感謝」

父は東日本大震災の大津波で死にました。

父は福島の原子力発電所から数キロメートルの場所で津波にのみこまれた。

父が見つかったのは学校がはじまってから少しのことだった。部活中に先生に急に呼ばれて、「今すぐ家に帰れ」と言われ、すぐに家に帰った。そしてお婆ちゃんの家につれていかれ親に「ここで待ってろ」と言われ、お婆ちゃんの家で数時間弟と待っていた。

親達が帰ってきたら泣いていた。すぐに何があったのか分かった。それから学校を休んだ。お葬式をやった。そしたら父の仕事仲間の人がたくさんきた。そしてこう言われた。

「父のかわりに頑張れ」

でもその時はどういう意味か理解できなかった。また、僕の友達もたくさんきた。その後火葬をした。でも母は父の顔を最後まで見せてくれなかった。何でと思った。骨を取る時、父の骨は少なかった。父は難病のかいよう性大腸炎のせいでクスリを投与して骨がすかすかになっていたと聞いた。骨を出す時とても暑かった。夏みたいな感じだった。そして墓に入れた。

それから1年がたって一周きをやった。

親せきの人達が集まっていろんなことをやった。とても面倒だった。でも人はこれで天国に行けるのかと心の中で思った。

その後今まで住んでいた家から新しい家に引っ越した。たくさんの荷物があった。このとき父がいれば荷物を運ぶのは楽なのにと思った。

新しい家になったら父の墓にも近くまた、お婆ちゃんの家にも近くなり、よく母が墓やお婆ちゃんの家に行くようになった。心がホッとしたと僕は思った。

僕達は年に数回、東京のあしながレインボーハウスに来ている。そして、ファシリテーターの人たちと親について話していた。僕も父が死んで分からなかったことや、母になど言えなかったことがあったけれど、ファシリテーターに言えて、心がスッキリした。だからファシリテーターにはとても感謝している。

またあしなが育英会のおかげでフランスにも行けて、外国の文化を知れていい経験になった。お金を出してくれた全国のあしながさんに感謝をしている。僕達がここまで頑張れてきたのはあしながさんのおかげだと思っている。

だから、僕は大人になったら自分のお金を少しでもいいから寄付して行きたいと思った。また、大人になったら、全国のつどいに参加し、心がスッキリしてない人の心をスッキリさせていきたい。

インタビュー

# レインボーハウスは大切な「第2の家」

大野康太*（22歳）

## 父は原発の近くで津波に襲われた

2011年3月11日、僕は大好きだった、やさしい父を津波でなくした。

父が津波に巻き込まれたのは、福島県南相馬市。僕たち一家が住んでいた相馬市の南側に隣接する市だ。

あの日、小学6年生だった僕は、学校で授業を受けていた。震度6弱のものすごい揺れだったが、震災の直前に耐震工事をしていたおかげで校舎に被害はなく、生徒たちも無事だった。

地震が起きてすぐに母が、僕と小学2年生だった弟を迎えに来てくれた。南相馬市に配達に行っていた父とも連絡が取れたと聞いて、ほっとした。僕たち3人は、祖父母の家に避難した。

大津波が「浜通り《はまどお》」と呼ばれる福島県の沿岸全域を襲ったのは、その頃だ。地震が起きてから1時間ほど経過していた。

相馬市にも9・3メートル以上の津波が押し寄せ、海に近い磯部《いそべ》地区や原釜《はらがま》地区を直撃した。なくなったのは457人、家屋の被害は、5584棟に上った。

僕たちが住んでいたアパートは、市内のやや内陸だったので、津波は到達せずに済んだ。でも、壁にヒビが入ってしまった。

僕の一家は、祖父が社長を務める運送会社を家族で経営している。両親は従業員として働いていた。農家が多い浜通りの3月は、春から夏にかけて収穫する野菜の植え付けが始まるため、農業資材や肥料の運搬が多く、忙しい。

震災の日の父も、南相馬市まで農業資材や肥料を運んでいた。配達伝票をたどると、内陸の山のほうへ荷物を届けたあと、海に近い得意先へ向かうことになっていた。

連絡が途絶えてしまった父の安否を家族全員で心配していた頃、福島第一原子力発電所で緊急事態が発生し、周辺地域の半径10キロメートルに避難指示が出た。翌12日には福島第一原発1号機で水素爆発が起こり、避難指示範囲は半径20キロメートルに広がった。南相馬市は一般の人が簡単に行けない場所になってしまった。

相馬市も原発事故の影響は心配されたが、避難指示は出なかった。でも、停電や断水が続き、ガソリン不足も重なって、混乱状態だった。激しい余震も続いていた。

次の日も、さらに次の日も、父はずっと帰ってこなかった。

父と再会できたのは、震災から3カ月ほど経った頃だ。僕は、中学1年生になっていた。部活中に呼び出された僕は、自宅に荷物を置いてから、祖父母の家に向かった。

僕と弟は、何も聞かされず、祖父母の家で待つように言われた。でも、帰ってきた母たちの泣き顔を見て、父が見つかったのだとすぐに分かった。父は、南相馬市の小高区《おだか》で見つかっていた。なぜ海に向かってトラックを走らせたのだろう。その途中で、通りすがりのおばあさんを助けていたらしいことも、あとでわかった。

父は得意先に少しでも早く荷物を届けたかったのだろうか。それとも「津波が来ても、たいしたことはないだろうから大丈夫」と思っていたのだろうか。理由は永遠に分からない。

僕たちのもとへ帰ってきた父は、震災の朝に出かけたままの姿だった。持ち物もすべて残り、何も失われていなかった。

## 嫌いだった作文を書く時間

僕が、初めてあしなが育英会のプログラムに参加したのは、2011年10月の「全国小中学生遺児のつどい」だ。会場は、東京都日野《ひの》市にある「あしながレインボーハウス」。母と弟と一緒に上京した。

プログラムの存在は、あしなが育英会からのお知らせで知った。東日本大震災の直後に支給された一時金をきっかけに交流が始まり、送られてきた手紙の中に案内が入っていた。

母がお知らせの紙を見せてくれると、興味を示したのは、遊び盛りの弟のほうだった。当時、僕は中学1年生、弟は小学3年生だ。弟が「行きたい」と目を輝かせたのを覚えている。たぶん、弟は震災後の混乱で落ち着かない福島を離れ、どこか別の場所で息抜きしたかったんじゃないだろうか。

僕は、「そんなに言うなら、じゃあ、行くよ」と、弟に付き添うような気持ちだったと思う。でも、今回のインタビューのために、あしなが育英会の人からプログラムや海外研修に行った回数を教えてもらったら、「こんなに参加していたんだ」と驚くくらい多かった。

２０１１年から12年にかけては、「あしながレインボーハウス」の「全国小中学生遺児のつどい」にほぼ毎回、2カ月に一度のペースで母と弟と一緒に上京していた。

フランスへの海外研修にも参加している。この時の旅の記憶はあやふやだ。でも、エッフェル塔にのぼった時、とにかく高くて驚いたことだけは覚えている。

２０１４年には、「仙台レインボーハウス」の竣工式《しゅんこうしき》に出席したり、秋篠宮《あきしののみや》殿下と眞子《まこ》内親王殿下が「仙台レインボーハウス」を訪問された時に参加したりしていた。この年は、豪日協会の招きで、オーストラリアにも行かせてもらっている。

それほど足繁《あししげ》くレインボーハウスに通い、様々なイベントに参加するくらいだから、あしなが育英会の催しに参加するのは、楽しかったのだと思う。

そういえば、レインボーハウスには「アートの部屋」という、絵を描いたり、工作をしたり、手を動かす遊びを楽しんだりする部屋がある。その部屋を2人のファシリテーターがめちゃくちゃに荒らして、上の人にものすごく怒られていた。

ファシリテーターは、子どもたちがのびのび過ごしたり、その時々の気持ちを自分なりのペースで落ち着いて整理したりできるようにサポートしてくれるボランティアのスタッフだ。立派な大人なのに、子どもより遊びに夢中になっていたから、記憶に残ったのだろう。

自分が書いた当時の作文を読み直して、真っ先に思い出したのは、「作文を書くのが、本当に嫌だったなぁ」ということだった。

作文の時間は、あしなが育英会のプログラムの最後にある。

僕は「せっかく友だちと走り回って、遊んで、おいしいご飯を食べて、楽しく過ごしてきたのに、なんでこんな作文を書かなきゃいけないんだ」と思いながら、しかたなく書いていた。

それでも、2014年3月に書いた作文は、僕にしては長い。父が見つかった時のことを詳しく書いている。父の葬儀から1年経った頃の様子や、あしなが育英会の人たちへの感謝の気持ちも書いていた。

作文を書いた頃の僕たちは、新しい家に引っ越していた。父のお墓や祖父母の家に近い場所だ。たぶん、当時の僕は、父の不在を寂しく感じながらも、母と弟との暮らしに少しずつ慣れてきていたのだと思う。

書いている字が大きくなったり、小さくなったりしているのは、丁寧《ていねい》に書こうとしたからじゃないだろうか。高校受験をきっかけに、この頃から、きれいな文字を書こうと意識するようになった覚えがある。

でも、もしかすると、そうではなく、書くのに勇気が必要だったのかもしれない。

レインボーハウスに来る子どもたちの気持ちは複雑だ。

似たような境遇の子どもたちと一緒に遊ぶのは、とても楽しい。嫌なことを聞かれたり、説明をしたりする必要がなく、安心して過ごすことができる。だから、レインボーハウスという居場所を、家族が遺してくれた最後のプレゼントと感じる子どももいる。

僕もレインボーハウスに、ただ遊ぶためだけに寄ったり、母や祖父母にも言えないことを、ファシリテーターさんになんとなしに話したりしていた。そんな時の帰り道は、肩の荷が少しだけ軽くなったような気がした。

一方で、家族がなくなったことをなかなか認められない子どもも多い。そんな子どもにとって、レインボーハウスは「来たくない場所」だ。家族がなくなっていなければ、知る機会もなく、来なくてもよかった場所なのだ。

僕もレインボーハウスに来るようになって間もない頃、作文に、「運命」の言葉を使って、こう書いていた。

父がいれば、あしながレインボーハウスにこなかったと思う。でも震災で父を亡くし、レインボーハウスに来た。これは運命かもしれない。（２０１１年12月）

ここ（レインボーハウス）に来たのは運命かもしれない。なぜなら震災がなければ父が死ななく、ここにもこなかったからだ。（２０１２年１月）

レインボーハウスで過ごす子どもたちは、吹っ切れたようなことを言っていても、時に無性《むしょう》に寂しくなったり、悔しかったり、猛烈に怒りがこみ上げてきたり、揺れ動く心とつきあいながら、成長している。僕の作文にもそんな月日と共に変化していく、あの頃の心のありようが映っている気がした。

## あしなががきっかけで高校留学を決意

あしなが育英会は、学費の援助をしたり、レインボーハウスのプログラムを通して心のケアをしたりするだけでなく、キャンプや海外研修の案内もしてくれる。様々な体験を通じて、子どもたちに視野を広げてほしいという願いからだ。

そして、それらのイベントがきっかけになり、将来の道が広がることもある。

僕の場合は、ハンガリーへの留学だった。高校2年生の時に、1年間休学してブダペストの高校で学んだ。きっかけは高校1年生で体験した、あしなが育英会から紹介された豪日協会主催のオーストラリア研修だった。

目を開かせてくれたのは、現地で日本語を教えている大学の先生だ。ボランティアとしてあしなが育英会をサポートしてくれている豪日協会の人でもあったと思う。

その人は、僕にこう言ってくれた。

「フランスもオーストラリアも短期滞在でしょ？　どうせなら高校生のうちに、1年くらい長期で海外に出てみたらどうかな。視野が広がるよ」

この言葉は、僕の心の中の何かをパチンと弾けさせた。

その後、ソフトバンクの支援でサンフランシスコに行ったり、あしなが育英会がニューヨークで公演した舞台「世界がわが家」に参加し、歌ったりしたことで、海外で暮らしてみたいという思いはよりいっそう強くなった。

そして、僕は思い切って高校を1年間休学し、海外で学ぶ決心をした。担任の先生には、かなり驚かれた。公立高校で1年間も休学して留学するケースは、相馬市ではめったにないのだそうだ。

留学を支援している派遣団体に相談したところ、紹介された国が、予想もしていなかったハンガリーだった。高校生の留学先はアメリカが一般的だが、問い合わせた時期が遅かったためハンガリーしか空きがなかったのだ。

母は情報が少ない東欧への留学を、最初は心配していたが、僕の決意の固さに腹をくくったようだった。

ブダペストは美しい街だった。僕は現地の高校に入り、英語で授業を受けた。最初はまったくついていけなかったが、すぐに慣れていった。おかげで英語力はかなりついたと思う。

日本の高校を留年しなくて済む形の留学だったことも、ありがたかった。ハンガリーで受けた授業が日本と同等に扱われ、単位として認められたのだ。

ただし、生活のほうは一筋縄ではいかなかった。なによりも大変だったのは、シリア問題による不安定なヨーロッパの社会情勢に巻き込まれたことだ。

僕がハンガリーに到着したのは、２０１５年８月。激化する戦闘で行き場を失ったシリアの人たちが、移民・難民としてＥＵ（ヨーロッパ連合）に大量に押し寄せていた。ハンガリーは、シリアからＥＵに入れるか否かの最前線だ。

９月になると、ハンガリー政府は、セルビアからの国越えを阻止するため、不法越境《えっきょう》を厳しく取り締まる新法を施行《しこう》した。不法入国した場合は逮捕し、セルビアに強制送還《そうかん》するという法律だ。

さらに政府は、非常事態宣言を発令し、クロアチアとの国境にフェンスを設置。兵士や警官も数百人配置した。彼らはシリア難民に放水したり、催涙《さいるい》ガスを発射したりした。立ち往生した数千人もの人たちが国境フェンスの外で野宿を強いられる状態に陥った。

11月にはパリで同時多発テロが発生し、大勢の人たちが死傷した。怖かったのは、テロの首謀者とされる人物がハンガリーに渡航し、移民を勧誘していたというニュースだ。首謀者が目撃された広場は、僕がよく遊びに行っていた場所だった。

日本ではまず遭遇することがない爆破テロや移民問題による世情不安を目の当たりにして、僕は自然災害とは違う恐怖を感じた。ただ外を歩いているだけで、命の危険があるかもしれないというのは、相当に怖い。

また、立場によって人の考えは異なる。簡単に答えが出ない社会問題を考え続ける大切さも知った。

日本にいた時の僕なら、国を追われ、安全な地域へ逃げようとする移民や難民に同情し、受け入れるべきと言ったと思う。しかし、ハンガリーの友だちは、受け入れに反対だった。彼は、ハンガリーには受け入れるだけの経済的な余裕がなく、難民の存在が社会を不安定にする要因になると主張した。

留学の経験は、そんなふうに僕の視野を広げてくれただけでなく、大学の進路を決めることにもなった。リスクマネジメントについて、専門的に学びたいと思うようになったのだ。

貴重な1年だったが、母は僕が無事に帰国するまで、気が気ではなかったようだ。ＬＩＮＥなどを使って、実家とはまめに連絡を取っていたが、あの頃のヨーロッパはいつどこで何が起きてもおかしくない状態だった。ハンガリーには親日家が多く、食べ物もおいしかったので、社会不安さえなければ、居心地のいい国だったのだけど。

母は遠く離れた僕を心配し、あしなが育英会で長くお世話になっているＮさんに連絡し、不安を打ち明けることもあった、と帰国後に教えられた。

じつは母もあしなが育英会には、ずいぶん助けられている。母は「全国小中学生遺児のつどい」などに参加する僕たちに、単に付き添っていただけではなかった。

あしなが育英会では、保護者の心をケアする時間も設けている。レインボーハウスで僕と弟が遊んでいる間、母も参加し、保護者同士で語り合っていた。また、２０１６年に起きたイタリア中部地震の時、母は、現地の人の助けになるようなことが何かできないかと、あしなが育英会に連絡したこともあった。

そんなふうにあしなが育英会は、僕たち親子にとって、いざという時に頼れる、大切な場所の一つになっている。

## これからは子どもたちを支えたい

今、僕は大学４年生になり、卒業を目前にしている。卒業論文の提出を新年早々に控え、頑張って執筆しているところだ。

金融や経営のリスクマネジメントについて勉強してきたが、授業では影響を与えるリスクとして、自然災害や原発事故を取り上げることが多かった。

東日本大震災の話が出ると、友だちは僕に「そうだったの？」と、体験談をよく聞いてきた。中には僕の父が津波でなくなったことを思い出し、話の途中で「あ、ごめん」と謝り、それ以上は聞いてこない人もいた。

そんな時、僕は「大丈夫なんだけどな」と思っていた。父のことは、もう踏ん切りがついているからだ。

僕は大人になったら、父と酒を酌《く》み交わしたかった。でも、かなわぬ夢になってしまった。どんなことをしても過去は変えられない。ぐだぐだとこだわっていても、時間はどんどん過ぎていく。であれば、いつかは割り切らなければ——。

僕は、堂々と飲酒できる20歳になった時、自然に「そろそろかな」と感じることができた。父がいなくても大丈夫と思えたのだ。大人になる節目を迎えたことで、父の死を受け入れ、前を向いて人生を歩き出す準備が整ったのだと思う。

大学1年生の時、僕はファシリテーター養成講座を受けた。受講のきっかけは、あしなが育英会の人に「受けてみない？」と声をかけられたことだった。それまで自分が支える側に回るとは思ってもみなかったが、誘われてみると、「やります」と即答していた。

ファシリテーター講座は2日にわたって行われ、僕はグリーフケアについて、しっかり教えられた。

震災から10年経った。僕は母や祖父母、あしなが育英会など、周囲の人たちに支えられ、心の中に父との別れの収まりどころを見つけることができた。でも、レインボーハウスに来る子どもたちの中には、一見、元気そうでも、心の中では家族の死をどう受け止めたらいいのか、混乱したままの子もいる。僕は、そんな子どもたちに寄り添いたかった。

これまでに2回、僕はファシリテーターとして、レインボーハウスのプログラムに関わった。どちらも参加したのは、東日本大震災で親をなくした子どもたちだった。

支える側になってみると、子どもの頃、レインボーハウスでのびのびと過ごせたのは、大人たちがしっかりしたプログラムに沿って、力を合わせながら、僕たちを守ってくれたからだと気づいた。そして、レインボーハウスで大切しているのが、「ピア・シェア・エンパワーメント・モデル」という考え方であることも。

「ピア」とは、同じような体験をした子どもが集まること、「シェア」は、自分の深い悲しみや嘆きを語り合い、聴き合うこと、「エンパワーメント」は、比較して優劣を判断するのではなく、お互いの歩みを認め合い、支持し合うことを指す。

さらに、ファシリテーターとして経験を積むことの大切さも感じた。家族をなくすという共通体験があれば、僕はレインボーハウスを訪れる子どもたちに、すんなりと寄り添えると思ったが、そう簡単ではなかった。

今、レインボーハウスを訪れるのは、震災時、とても幼かった子どもたちだ。中には、お母さんのおなかにいた子もいる。

そのため、震災の記憶やなくなった家族の思い出を、僕ほど多くはもっていない。けれど、お母さん、あるいはお父さんがいない、という喪失感は抱えている。そんな子どもの心をいちばんに考え、「無理」と感じることはしなくてもいいことを、どう伝えたらわかってもらえるだろう。僕は2回の体験で、子どもへの接し方を考えさせられることになった。

ファシリテーターのボランティアは、社会人になってからも、ずっと続けていきたいと思っている。

大学を卒業してからの進路は、まだはっきりとは決まっていない。国税庁の職員を目指しているが、その前に大学院で勉強を続けたい気持ちもある。

これから僕は、どんな人生を歩むのだろう。新型コロナウイルスが落ち着いたら、海外に行ってみたい。ハンガリーにもまた行けたらいい。日々の暮らしは、今までと同じく、本を読んだり、ゲームをしたり、友だちと会ったり、淡々と過ごしていくような気がする。

僕は留学のおかげで、行動力には自信がついた。その行動力を生かしながら、いろいろな人とも出会っていくのだと思う。

（2020年11月22日取材）

ママとパパへ

　ママは天国でも元気ですか？パパは天国でみんなで仲よくしてますか？ほのかは天国にいてもさつきみたいに成長していますか？さつきは元気で昨日からあしなが育英会の入とかあしながでしりあった友達と平成の森にとまりのつどいに来ています。けどママ達と居た方がもってたのしいのかなぁ？

　さつきはねもう中学一年生で友達が少し多くなったんだ！中学校の勉強むずかしいけど

ねとくいな教科が2つあるんだ！なにかっていうとね…音楽と英語なんだ！音楽好きなのはママ似なのかな㊦

ここで勉強の話しは終りにして、あしながの話しにするね★

さっき言ったあしながのつどいで平成の森に来ていて、昨日はピアノしたりバトミントこのコートがあったから本かく的にハドミントンしたり初めてのたっきゅうもしたんだよすごくたのしかったんだ!!

お昼ごはんはねからあげ丼とじゃなくてから
あげ丼だけだった&すごいおいしかったよ
今日の朝ごはんはねしゃけとハムとたまごと
ちくわだった。すごいおいしかった★
　さっきお話しの時間してて獅子舞の写真み
てたんだ&今はね作文かいてからアンケート
かいてみんなでしきしかいてるんだ&
　そういえば12月24日はクリスマスイブで
結婚きねんびだね。
　たぶんねクリスマスにちゃーちゃんにス

マホ買ってもらうんだ!!

手紙が3板目になりそうだから夢にでで来てね☆じゃあまたこんど会おうね☆バイバイ～

作文

# ママとパパへ

高橋さつき

２０１３年11月　「ママとパパへ」

ママは天国でも元気ですか？　パパは天国でみんなで仲よくしてますか？

ほのかは天国にいてもさつきみたいに成長していますか？

さつきは元気で昨日からあしなが育英会の人とかあしながでしりあった友達と平成の森にとまりのつどいに来ています。けどママ達といた方がもっと楽しいのかなぁ？

さつきはね、もう中学1年生で友達が少し多くなったんだ！

中学校の勉強むずかしいけどね、とくいな教科が２つあるんだ！

なにかっていうとね……音楽と英語なんだ！音楽好きなのはママ似なのかな（笑）

ここで勉強の話しは終りにして、あしながの話しにするね★

さっき言ったあしながのつどいで平成の森に来ていて、昨日はピアノしたりバトミントンのコートがあったから、本かく的にバドミントンしたり初めてのたっきゅうもしたんだよ。すごくたのしかったんだ!!

お昼ごはんはね、からあげ丼だった！　すごくおいしかったよ。今日の朝ごはんはね、しゃけ

とハムとたまごとちくわだった。すごくおいしかった★

さっきお話しの時間してて獅子舞の写真みてたんだ!!　今はね作文かいてからアンケートかいてみんなでしきしかいてるんだ!!

そういえば12月24日はクリスマスイブで結婚きねんびだね。

たぶんね、クリスマスにちゃーちゃん（おばあちゃん）にスマホ買ってもらうんだ!!

手紙が３枚目になりそうだから夢にでて来てね☆　じゃあまたこんど会おうね☆バイバイ。

## ２０１４年３月１日　「ギャラリーといいコトツリー」

３年前、３月11日東日本大震災であのいまいましい津波が東北の宮城県をおそいました。そして、私にとって大切な父親、母親、妹までもうばっていきました。

いま思うとあの時、父と母をとめておけばよかった。なんで私はあまえんぼうだったんだと思ったりして、１度は死にたいと思ったこともありました。けど、学校に行くとたくさんの友達が私をはげましてくれて、支えてくれました。

もちろんあしなが育英会の方々にも感謝しています。たとえば泊まりのつどいで皆で話をしたり、遊んだりして楽しかったです。

それで、皆で話した時に学校の友達には理解してもらえない話をあしながでは理解してもらえてとてもうれしかったです。

そして、私が東北のレインボーハウスにほしいのは、みんなの成長を感じられるギャラリーといいコトツリーです。

そのギャラリーとは、自分の成長を目で見られるもので自分の写真や家族への手紙をファシリテーターの人やレインボーハウスに来ている幼稚園にもまだ行ってない小さい子から大学生の人までがかざることができます。

次にいいコトツリーはダンボールの木をつくって桜の花やリンゴの実などの紙を作り、それにいいコトを書き、そのつどダンボールの木にはって自分やあしながのみんながいいコトを振りかえれるようになっています。私は東北のレインボーハウスにそういうのがほしいです。

インタビュー

# 自分の思い通りに生きて自立したい

高橋さつき（20歳）

東日本大震災が起きた時、私は10歳。宮城県東松島市にある大曲《おおまがり》小学校の４年生だった。大曲は石巻湾《いしのまきわん》に面した海沿いの地区で、東に行くと石巻市がある。大曲地区の中でも私が住んでいた大曲浜は、もっとも海に近い地域。良質な漁場や海苔《のり》の産地としても知られていた。住んでいる人は顔見知りばかりで、お正月やお祝いには江戸時代から伝えられてきた「大曲浜獅子舞」が欠かせなかった。

震災は、そんなのどかな暮らしを根こそぎ壊していった。東松島市では千人以上の人がなくなり、９割以上の家が被害を受けてしまった。

## 星が美しかった震災の夜

震災前の私は、曾祖母、祖父母と両親、叔父と暮らしていた。それが今は、「ちゃーちゃん」と呼んでいる祖母との二人暮らしになってしまった。

津波は、両親と祖父を奪った。母のおなかの中には、４月11日に産まれてくる予定だった妹もいた。

あの日、地震の揺れは、小学校で感じた。すぐに机の下にもぐったけれど、揺れは収まるどころか、どんどん大きくなる。気づいたら、私もクラスメートも机の脚を握ったまま、壁のほうに吹っ飛ばされていた。

地震が収まった時、両親が迎えに来てくれた。友だちも家族が次々と迎えに来ていた。

あの場所にいた人は誰も、津波が来ることを想像していなかったと思う。海は近かったけれど、過去に津波が来たという話は聞いたことがなかったから。

母は私の無事を確認すると、安心したのだろう。おなかの赤ちゃんのために、いったん家に帰ると言い出した。出産に必要な品を取りに帰るという。今晩、小学校に避難するにしても、万が一、お産が始まったら、と考えたのだと思う。

「大丈夫、すぐに戻ってくるから」と母は言った。

私は「行かないほうがいい」と止めた。余震が続いていて、母と離れたくなかった。でも、母は「大丈夫」と言うばかり。父も付き添うというので、私は見送ることにした。

「ゲーム機、一緒に持ってきてね」と私は声をかけた。

それが母との最後の会話になった。

学校の体育館で両親を待っていると、曾祖母が親戚と一緒に現れた。「大変だったねぇ」「おっかながった～（怖かった）」と、口々に話している。

それから15分くらい経った頃だったと思う。近所の人が慌てた様子で「津波、来てっから、早く逃げろ！」と叫びながら走ってきた。

津波？　こんなところまで津波が来るの？

私はその時まで小学校は安全な内陸部にあると思っていた。海岸から2・5キロメートルも離れていたからだ。

けれども、大曲地区には東に旧北上川《きたかみがわ》と定川《じょうかわ》、西には鳴瀬川《なるせがわ》と吉田川《よしだがわ》が流れていて、海からの津波と、川をさかのぼってくる津波の合流地点になってしまったことが被害を大きくした。

体育館にいた人たちが校舎に避難し始めた時、私と曾祖母は移動の列の最後のほうにいた。渡り廊下から学校の正門を見ると、黒い水が地面を這《は》うようにして、ぐんぐん近づいてくる。

「早く上がって。危ないから」と、私は曾祖母を追い立てながら、階段を駆け上がった。

小学校を襲った津波の高さは1・7メートルにもなり、一階は水浸しになった。外は雪が降り始めていた。凍える寒さをしのごうと、みんなで体を寄せ合った。

怖かった。不安だった。でも、あの晩、空に輝いていた星の美しさは、今も忘れられない。

## 夢を見た日に母が見つかる

震災から5年ほど経った頃、私は「語り部《べ》にならないか」と知り合いに誘われた。語り部は、東日本大震災の記憶を風化させないため、被災地を訪れた人たちに、当時の様子を語る仕事だ。

周囲に語り部の人はいたけれど、多くが大人で、10代の人も私より年上だった。同世代の語り部はいなかったが、先輩たちが語る様子を見ていたら、私にもできそうに思えた。

初めて語り部をしたのは、中学3年生のゴールデンウィーク。それ以来、高校時代は依頼があれば、震災の経験を人前で語るようになった。

語り部として話し始めると、聞いている人たちは、両親と祖父を津波でなくしたことを気づかってくれる。「同情されているのかなぁ」と感じることもあった。そう思われたくなくて、話し方を工夫するようになった。

あしなが育英会の「石巻ワンデイプログラム」に参加した時もそうだった。プログラムの中に、参加者が輪になって座り、それぞれの体験を話す「おはなしの時間」がある。

話すかどうかは自由だ。話したくなければ、パスしても構わない。

参加者の中には「パス」と言う人もいたが、私は家族のことも震災のことも隠すことではないと思っていたし、輪の中で話をすることが多かった。

私は人の輪の中にいると「自分がやらなきゃ」と、前に出てしまうところがある。祖母も母も負けず嫌いの性格だ。その気質を私も受け継いでいると思う。

震災の日、祖母は、海が目の前にある石巻魚市場に近い水産加工場で働いていた。しかし、祖母は、内陸部のスーパーまで逃げて助かっていた。

でも、私と会えたのは、震災から2、3日経った頃。避難所になっていた小学校まで、大量の瓦《が》礫《れき》を避けながら、10キロメートルの距離をひたすら歩いてきたという。

祖母は、「食べ物は無理だけど、せめて飲み物は」と持てるだけの水とジュースを背負っていた。祖母から手渡されたペットボトルのジュースはおいしかった。祖母の顔を見て、ようやく少しほっとすることができた。

祖母と再会するまでの間、私と曾祖母は小学校の校舎に留まるしかなかった。食べ物は、大人たちが近所からかき集めてくれたおかげで、2、3日は不自由することはなかった。

でも、水はなかなか引かず、ヘドロが混じった泥で、地面はぐちゃぐちゃ。瓦礫はそこら中を埋め尽くしていた。足を取られる泥のせいで、人も車もなかなか前に進まない。

とても私たちが学校の外へ行ける状況ではなかった。でも、先生たちが屋上を開放してくれたおかげで、私は友だちと遊ぶことができた。

自宅の様子がわかったのは、祖母と会ったあとだ。この頃の記憶は日付けがあいまいで、震災から何日目だったのかを思い出せない。ただ、仙台から戻ってきた叔父と祖母と一緒に家を見に行ったことは、覚えている。

自宅は何もかも流され、唯一、残っていた基礎部分のコンクリートには、一艘《そう》の漁船が乗り上げていた。周囲を探しても、母たちの姿は見つけられなかった。

その後、両親と祖父は、「家族だからなんだろうなぁ」と思いたくなるような見つかり方をした。母が見つかったのは、祖母と再会してから1週間くらい経った頃だったと思う。遺体安置所になっていた高校の体育館で、母は私たちを待っていた。

母は、自宅から少し離れたガソリンスタンドの建物の中で倒れていたそうだ。

父と祖父が見つかったのは、母より遅く、夏になってからだった。

父は、母が見つかったガソリンスタンドの経営者の家の近くで見つかった。地震が起きた時、トラックを運転中だった祖父は、両親と別々に行動していた。それなのに、祖父と父は遺体安置所の中ですぐそばに横たえられていた。

遺体を運んでくれた人は、父と祖父が家族であることは、ぜんぜん知らなかったと思う。まったくの偶然で、父と祖父はそばにいた。

津波に巻き込まれ、離ればなれになった3人が、遺された家族と再会する時は、つながりがある形で見つかることになった。私は家族を結ぶ不思議な縁を感じた。

母が見つかった頃は、たくさんの人が一度になくなったことと、火葬場《かそうば》が被災したため、火葬が追いつかない状態だった。そのため、市が苦肉の策として取ったのが、土葬だ。いったん土に埋め、火葬できるようになったら掘り起こすのだ。私の母も土葬されることになった。

私は、母が見つかったと聞いても、信じたくなかった。

「絶対に違う。ママは生きてるんだから」

ずっと、そう自分に言い聞かせていた。

土葬される日、「ママの顔、見る?」と祖母が声をかけてきた。

「いや、見ない」

私は答えた。でも、祖母は「写真だけでも」と差し出してきた。ちらっと視線を向けると、人の姿が目に入った。写真の人は、震災の日に別れた時の母と同じ服を着ていた。顔は見なかった。目の前で土の中に埋められていく人も、体を包む袋の口から見えるのは、あの日、私が見た母と同じ柄の服だった。

「やっぱり、ママは死んだんだ」

それ以上、そこにいられなかった。土葬の取材に来ていたマスコミが、なぜか私のまわりにめちゃくちゃ集まってきた。

祖母に「一人で車にいさせて」と話し、走って車に乗った。ぼろくそに泣いた。声が枯《か》れた。祖母たちが車に戻ってきた時には、涙も出なくなっていた。

私は、母が遺体安置所で見つかった日を正確には祖母から教えられていない。でも、あの日だろうと思っている。

その日の明け方、私は夢を見ていた。

津波で浸水し、泥でぐちゃぐちゃになった学校の校庭に、父の車が止まっている。ドアを開けると、父が乗っていた。

「ママは？」とたずねると、父は「ごめんね。ママ、死んじゃったんだ」と答えた。

「え⁉」

と思ったら、目が覚めた。私は目に手を当てながら、涙を流していた。

私は、夢を否定したかった。でも、その日、祖母と小学校の担任が話している表情を見た時、母が見つかったのだと察しがついた。それでも、自分の目で母を見るまでは、信じたくなかった。ずっと目を背けてきたのに、遺体の写真と土葬された体を見させられ、現実を受け入れるしかなかった。

本当に悲しかった。母が見つかった日の夢の話はずっと誰にも言えなかった。やっと言葉にできるようになったのは、一昨年くらいからだ。

## あしなが育英会で出会った大切な親友

あしなが育英会のプログラムに初めて参加したのは、２０１１年5月29日。「石巻ワンデイプログラム」の催しを教えてくれたのは、祖母だ。でも、私が「行こうかな」と言うと、祖母はちょっと驚いた顔をした。当日も、祖母より私のほうが、参加に積極的だった。

プログラムに興味をもったのは、石巻市に行ってみたかったからだ。

震災から2、3週間経った頃に大曲浜の人たちは、小学校より水道や電気が整った商工会議所の施設に集団で移っていた。

5月に入ってからも、瓦礫が散乱していたり、鉄道が寸断していたりしたこともあり、市内しか出歩けなかった。私は東松島市以外の場所が、どうなっているのか見てみたかった。それに、思いっきり体を動かしたかった。小学1年生から3年生までバドミントン部だった私は、男子に交じってバスケットやサッカーをするのも好きだったから。

避難所でも、動きたくてうずうずしている気持ちを発散させるために、掃除をしたり、バケツで水を運んだり、積極的に大人を手伝っていた。だから、あしなが育英会のプログラムに参加すれば、たくさん遊べるらしいという話は、とても魅力的に思えた。

当日は、祖母と一緒にタクシーで40分くらいかけて石巻に向かった。会場には、大勢の子どもたちが集まっていた。

最初はドキドキした。でも、ボール遊びで体を思いっきり動かしたり、机に座ってビーズ遊びに熱中したり、私はすぐにみんなの中に溶け込んだ。

気になる女の子がいた。なぜかわからないけれど、その子を見た瞬間、仲良くなりたいと思った。

「一緒に遊んでいい？」

と声をかけたのが、二つ年上のSちゃんと仲良くなるきっかけだった。

あしなが育英会では、プログラムや交流会の会場で出会った人と、終わったあとに連絡を取り合うことは、勧められていない。集まる人たちはみんな、心に深い傷や悩みを抱えている。心をケアするトレーニングを受けたファシリテーターがそばにいる会場では親しく話せても、個人同士では、何かの会話がきっかけで心の傷が開いたり、悩みが深くなったりすることがあるという。「家族の死」という共通の体験をした人たちだからこそ、会って気持ちを分かち合うのは、プログラムの時だけ。プログラム参加の時の合言葉、「自分も大事、相手も大事」を続けていくための心得だ。

だから、私もSちゃんと遊ぶのは、しばらくの間、あしなが育英会の会場だけだった。そして毎回、別れ際に「次も来る？」「行く！」と約束していた。

今も彼女はいちばんの親友だ。中学時代が終わる頃には、連絡をとりあい、あしなが育英会以外の場所でも会うようになっていた。

私と彼女の性格はぜんぜん違う。それなのに、ノリがぴったりで、一緒にいるのがとても楽しい。

その理由を考えたことがある。名字が同じ「高橋」で、名前の読みも似ているからじゃないだろうか。運命的なつながりを感じてしまう。

あしなが育英会の人は、私たちのことを「姉妹みたい」と言う。Sちゃんがもじもじしていると、私が先回りして行動するところが、おっとりした長女と活発な次女の関係のようで、姉妹っぽく見えるのだそうだ。

## 親戚の家のような石巻レインボーハウス

私は今まで80回以上、あしなが育英会と交流を持ってきた。

「石巻ワンデイプログラム」や「東北と神戸　交流のつどい」などのプログラムに参加したり、2014年に「石巻レインボーハウス」ができてからは、開館日に遊びに行ったり、スタッフさんに挨拶するためだけに寄ったこともある。

「仙台レインボーハウス」が竣工した時には、式典で作文を朗読した。

「学校の友だちには理解してもらえない話を、あしながでは理解してもらえてうれしい。レインボーハウスには写真や手紙も飾りたい」

作文にはそう書いていた。

私が通った日をあらためて数えてみたら、まるで親しい親戚の家に遊びに行っているかのように、足繁く通っていた。

私には、それくらい「石巻レインボーハウス」は大切な場所だった。とくに中学から高校にかけては、安心して過ごせる居場所の一つになってくれた。

震災は子どもの世界も大きく変えた。私は小学校から高校まで、親がなくなったことを理由にいじめられることがあった。いじめる人と会うのが嫌で、学校に行かなかった時期もある。

小学校時代にいじめてきたのは、同級生の女の子だ。私は家族ととても仲が良かった。彼女は、家族との仲がいい私をうらやましかったのだろう。ことあるごとに突っかかってきた。殴られたり、蹴られたり、田んぼに落とされかけたこともある。震災前から続いていたいじめが、震災後はもっとひどくなった。

そして、私に関する嘘をクラスに広めた。それを信じたクラスメートは私に近づかなくなった。私は教室で一人で過ごすことが多くなった。

私を気に入らないなら、なぜ直接、言わないのだろう。陰でコソコソ言われることほど腹が立つことはないし、傷つく。私は他人が信じられなくなった。私の前ではにこにこ笑っていても、心の中では舌を出しているのかもしれない。想像すると怖くなってしまった。

他人を信じ切れない気持ちは、今も続いている。子どもの頃よりは、もう少し上手に人と接することができるようにはなったけれど。

「石巻レインボーハウス」と親友のSちゃんは、そんな私の心の拠《よ》り所だった。親がいないことをバカにされることもなく、のびのびと遊び、好きなことができた。Sちゃんには、なんでも話すことができた。

年月が経つうちに、震災直後はたくさんいた同学年や年上の子も、進学や部活などで少なくなり、「石巻レインボーハウス」に来るのは年下の子が増えた。それでも、私とSちゃんはずっと通っていた。弟や妹みたいな子たちと遊びながら、「若い子にはついていけないわー」なんて、2人で笑ったりして。

親をなくしても、私たちは生きているし、普通に生活している。なぜ周囲の人は、「親がいないから、どうのこうの」と言うのだろう。

曾祖母が生きていた頃、愚痴ったことがある。そうしたら、「私を見ればいい」と言われた。曾祖母は生まれてすぐに母親をなくし、10代の時に父親をなくしていた。

「それでも、ちゃんと生ぎでるでしょ？　だがら、さつきもひいばあちゃんみたいに、親なしでも、ちゃんと生ぎられっから」

曾祖母はそう励ましてくれた。くじけそうになると、曾祖母の言葉を思い出し、「頑張ろう」と思う。でもやっぱり行動に移せない時もある。

今の私は、強くなったり、弱くなったりを繰り返しながら、未来を探している真っ最中。私を女手一つで育ててくれている祖母とは、口ゲンカでいまだにかなわない。いつか曾祖母や祖母、母のように、まわりに負けないくらい心の芯《しん》が強くなれるのだろうか。

## 祖母を支えながら毎日を生きていく

２０２０年5月、私は20歳になった。成人式は来年だけど、前倒しして3月に振り袖を着た写真を撮った。肩のあたりは赤く、裾にいくに従って紫のグラデーションが濃くなる振り袖を着た私は、祖母の妹に「ヤバい」と思うくらいそっくりだった。

高校進学を控え、将来を考え始めた頃、私の頭に思い浮かんだのは、やっぱり祖母や母たちの働く姿。手に職をもって、ずっと働きたいと思った。

調理師免許が取れる学科がある高校に進んだのは、母との思い出からだ。私は小さい頃から、母と一緒に料理やお菓子を作るのが大好きだった。

高校卒業後はお菓子の勉強をしたくて、東京都国立市にある製菓専門学校に進んだ。初めての一人暮らしだったけれど、自然が多く、街並みがきれいで住みやすかった。

上京してからも、私はあしなが育英会のプログラムに、祖母と一緒に参加していた。

18歳以上の震災遺児が集う「にじカフェ」にも出席した。「にじカフェ」は、大学生や社会人になった同世代と話したり、料理やヨガなどの体験を通じて、「してみたいこと」と「これからのこと」を考えるプログラムだ。

私が出席した２０１９年は、将来のビジョンを描いたり、これからの人生を心地よくしたりするために必要だと思うモノやコト、ヒトをみんなで考える「これから、どうする？」がテーマだった。

今、私は東松島市に戻り、復興公営住宅で祖母と暮らしている。

専門学校を卒業して、就職したのは宮城県内のベーカリーショップだった。お菓子やパンの世界に憧れていたけれど、実際に働いてみたら、私には料理のほうが向いているのかもしれないと思うようになった。

将来は、自分の店をもちたい。そのために、最近は調理のことも勉強している。

あしなが育英会でいちばん仲良しのスタッフ、Kさんには今でも時折、近況を報告している。Kさんは、私にとって年の離れた頼れるお姉さんだ。母たちのことだけでなく、学校での悩みや恋の相談もしてきた。

そんなKさんやスタッフさんたちの姿を見て、私はあしなが育英会のファシリテーターになりたいと思うようになった。私がしてもらったように、子どもたちと一緒に遊んだり、話を聞いたりしたい。

震災からの10年を振り返ると、人間関係がすごい濃かったなぁと思う。友だちと激しいケンカをしたこともあったし、語り部を始めてからは、いろいろな人とつながった。震災がなかったら、TVや新聞にインタビューされる経験もなかったと思う。

津波で家族を失ったのは辛《つら》かったけれど、あの時より、もっと頑張って生きよう。今は、そんな気持ちで毎日を過ごしている。

気がかりなのは、祖母の健康だ。腰を痛めているし、最近、心臓の手術もした。私が20歳になり、お酒が好きな祖母と、やっと初めて居酒屋で飲むことができたのに。

毎年、祖母の誕生日にはボージョレー・ヌーボーを贈ってきた。これからも贈り続けられるように、祖母にはずっと元気でいてほしい。

（2020年11月15日取材）

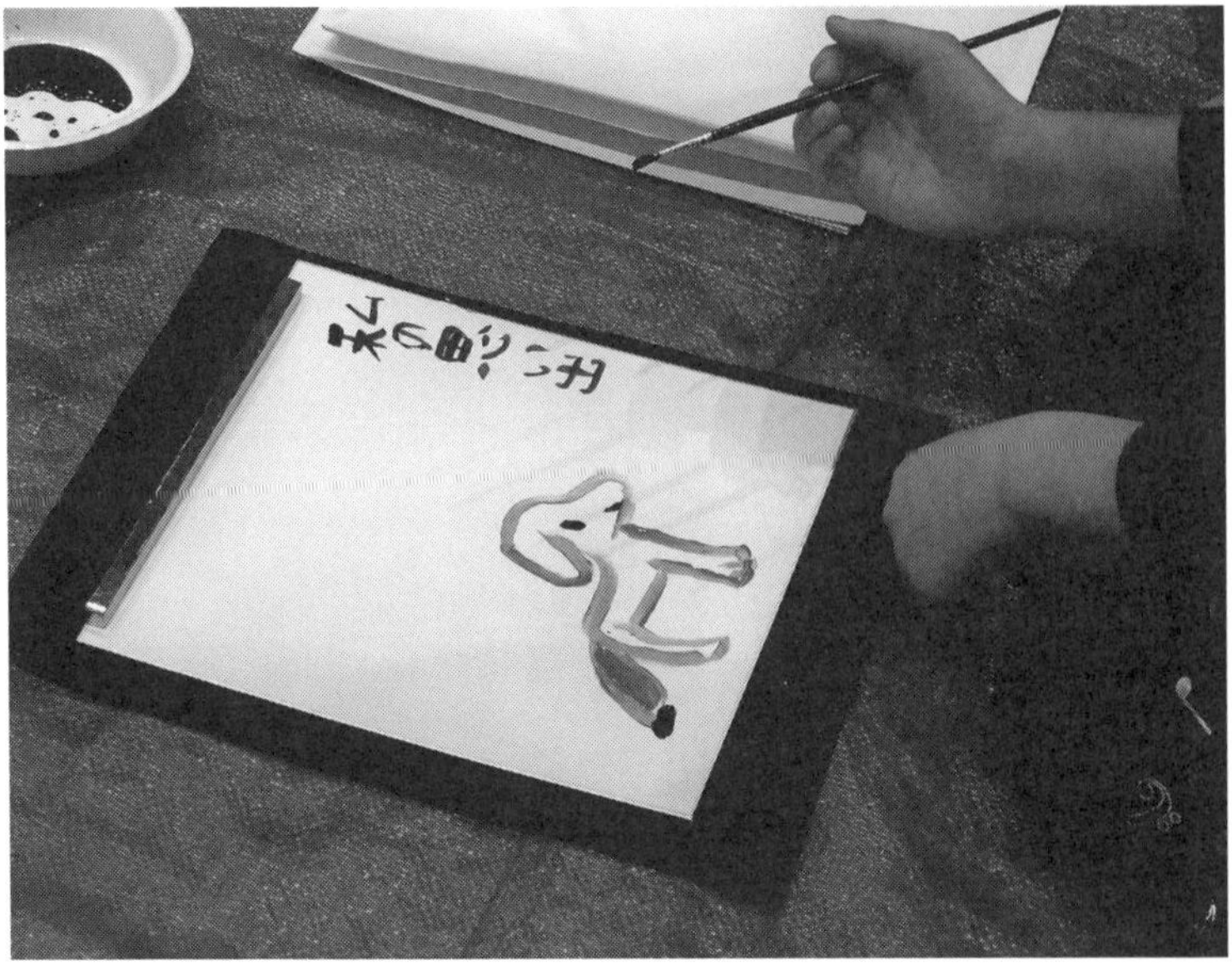

菊池　誠二

僕は、家族4名が三月十一日たおきた、東日本大しんさいでなくなりました。

僕のお母は、やさしくて、僕達を大切にしてくれました。

祖父と祖母はまい日のようにけんかをしていました。

僕の祖父は、おさけが大好きでした。

祖母は、祖父とけんかをするけど、ほんてらはなかよしでした。

祖祖母は、祖父と祖母がまいにちのようにけんかをとめようとしました。でも、まいにちけんかをしているので、とめることなどできなか、たです。

お母とお父は、はなれてくらしとりました。

お父とあえるのは、たまたにしかあえませんでした。

僕の一番の思い出は、家族みんなで、ディ

ズーランドやディズニーシーに行ったことです。
2番目の思い出は、お母といっしょに、サッカーの試合を見に行きました。
サッカーの試合を見て、お母とやくそくをしました。
そのやくそくは、サッカー選手になると、いうことです。
僕は、川島選手みたいな人になりたいと思います。

作文

# 僕達を大切にしてくれたお母

菊地誠二

## ２０１１年10月　「津波のあと」

最近の気持。津波がきたあとで、ひなん所に3日いて、お父が千葉からもどってきて、しんせきに電話したら、もし家族の人がしんだら、しんせきの人がぼく達をひきとって、1日たって学校をさがして、また、福島にもどって、てつづきがたいへんだったけどお父がいたからじゅんちょうにすすんでいて、あと1カ月くらいで、おわったらお父は千葉ではたらくようになると千葉から2時間で、東京につけるようになると、週に2、3日これるようになるからはやくてつづきをおわらせたい。

## ２０１１年12月　「お母さんがなくなってから」

お母さんを津波でなくしました。

ぼくが小さいころは、お父さんが単身赴任でお母さんがとても大変でした。でも大型連休のときには、お父さんが福島にもどってきました。

お父さんは、たまにこわいこともあるけど、でもお父さんはやさしいです。

福島に津波がきたときには、びっくりしました。

ぼくは、お母さんがなくなったとは思わなかったです。

家の中で2人の人がなくなっていたのがびっくりしました。

今の生活には問題もなく楽しいです。

お父さんもやっとしごとができてよかったです。

お父さんの仕事場からぼくの家まで、2じかんでこれるのでそれがうれしいです。

## 2012年1月 「はやくみつかってよかった」

ぼくのおっ母は、津波のときに家の中で、死んでしまいました。

ぼくの家族4名死んでしまいました。でも、ずっとゆくえふめいにならなくてよかったです。

ぼくたち家族4名は家のちかくで死んでいたのが悔しかったです。でも、けっこうはやくみつかってよかったです。

ぼくたちは、学校にいたのでたすかったです。でも、友達の机にテレビがおちたのでびっくりしました。でもそこにテレビがおちた机にはだれもいませんでした。

その机におちてきた友達は、家にいたのでたすかっていました。

## 2012年3月 「僕の家族」

僕は、家族4名が3月11日におきた、東日本大しんさいでなくなりました。

僕のお母は、やさしくて、僕達を大切にしてくれました。

祖父と祖母は、まい日のようにけんかをしていました。

僕の祖父は、おさけが大好きでした。

祖母は、祖父とけんかをするけど、ほんとうはなかよしでした。


（中略）


お母とお父は、はなれてくらしていました。

お父とあえるのは、たまにしかあえませんでした。

僕の一番の思い出は、家族みんなで、ディズニーランドやディズニーシーに行ったことです。

2番目の思い出は、お母といっしょに、サッカーの試合を見に行きました。

サッカーの試合を見て、お母とやくそくをしました。

そのやくそくは、サッカー選手になるということです。

僕は、川島選手みたいな人になりたいと思います。

## 2012年6月　「涙が出なかった」

僕は東日本大震災で家族4名をなくしました。でも僕はその時、学校にいたので僕達はたすかりました。でも、震災で4名をなくなっていたことは、まったくわかりませんでした。

僕の友達のお母にきいたら僕達の家族4人は、いったん避難したといってました。

でも、家族2名は、家の中でがれきの下で2人いっしょに人をかかえる感じで、なくなってしまいました。その他の2名は、僕の友達の家の近くでなくなっていました。その時は、家に大事なものがあったので、家で整理をしていたようです。そしたら、がれきの撤去をしていた人達が言いにきて、家族2名を家の中で見つけてもらいました。ほかの人達は、家族がまだ見つかっていない人もいるので、それよりはやく見つかってくれたので、おそくみつかるよりはよかったです。

そのあと遺体安置所に行ってお母の顔をみたら顔がいたんでいました。僕と兄とお父さんでお母さんとひいばあの火そうに行きました。火そうして、最初にお母の骨とりをしていたらお父が涙をだしていました。僕はその気持ちがまったくわからなかったです。

僕達は学校だったので、じいちゃんとおばあちゃんの火そうは行けませんでした。その時はいけなかったけど、家族4名の火そうがおわってよかったと思います。

それが終わったら東京のおばさんの家で1年生活していました。

## 2012年8月　「サッカーがたのしい」

僕のお母さんは、やさしくて、休みのときは家族で海であそびました。お母さんが今いればサッカーの試合を見に行きたいと思います。お母さんといっしょに海外にも行きたいと思います。

今は、部活でもサッカーをやっています。前はキーパーをやっていたけど、今は、MFをやっています。でもたまにFWやDFをやっています。それにしては、けっこうむずかしいけど、みんなで声をかけあいながらいろいろなポジションをやっています。

友達はいっぱいいて、福島にもどればすぐにみんなとサッカーができるのですごくたのしいです。

勉強では、1番苦手な教科は、英語と社会や理科がきらいです。でもまだ中2なので、今からがんばっていければいいと思います。

僕は高校に行くならサッカーが強い高校に行きたいと思います。それには、もっとサッカーや勉強をがんばっていきたいと思います。今やりたいことは、スポーツ系をやりたいです。

もっとみんなとたのしくあそびたいと思います。

インタビュー

## 思いきり遊んだレインボーハウスの思い出

菊地誠二（22歳）

8年ぶりに、この本のインタビューを受けるため、訪問した東京都日野市の「あしながレインボーハウス」は、建物があまり変わらず、懐《なつ》かしかった。

僕が初めてあしなが育英会の「全国小中学生遺児のつどい」に参加したのは、中学1年生だった2011年10月だ。父に連れられ、双子の兄と一緒にこのレインボーハウスを訪ねた。そのあとは、2011年12月に1回、翌12年に3回、「全国小中学生遺児のつどい」に参加している。この本に収録されている作文を書いたのも、つどいに参加した時だ。

レインボーハウスを最後に訪ねたのは2012年の8月。その後は2014年に東日本大震災の遺児を対象にしたオーストラリア研修に参加している。この研修は豪日協会があしなが育英会と協力して、ボランティアで招待してくれるプログラムだ。僕は8月に20日間ほど滞在した。

高校に入ってからは、部活やアルバイトで忙しくなり、レインボーハウスのプログラムに参加する時間がなくなってしまったが、父はあしなが育英会の人から連絡をもらったり、一人で「中高生保護者のつどい」に参加したりしていたようだ。

### ちょっと苦手だった作文

レインボーハウスで開かれる「全国小中学生遺児のつどい」は、親子で参加できる泊まりがけのプログラムだ。僕たちのような遺児や残された家族の心をケアするための様々な時間が用意されている。

僕がよく覚えているのは、あしなが育英会の人たちやファシリテーターの大人たち、プログラムを通じて出会った友だちとたくさん遊んだこと。体育館や屋上で鬼ごっこをしたり、サッカーをしたり、レインボーハウスの館内を走り回っていた記憶がある。

「火山の部屋」も何人かの友だちと誘い合って、一緒に入った。「火山の部屋」は、壁に厚手のクッションが張ってあり、部屋の中央にはサンドバッグが吊るされていて、いくら暴れてもケガをしないように内装が工夫されていた。

思いっきり何かを叩《たた》いたり、蹴飛《けと》ばしたりするのは、走り回るのとは体の感じ方が違う。鬼ごっこは楽しい気持ちのほうが強く、サンドバッグを叩くのはストレスを発散している感覚だった。どちらもすっきりするし、楽しいけれど、何かがちょっと違うのだ。

作文もプログラムの一つだった。僕は作文が苦手だったので、嫌々、書いていた。「遊ぶためにレインボーハウスに来たのに、どうして最後に作文を書くのかな」と疑問に思っていた。

久しぶりに自分の作文を読み返し、真っ先に思ったのが、「字、きったねーなぁ」ということだった。中学時代はこんな字を書いていたのかと、少し懐かしくもあった。

読む前は何を書いたのか、すっかり忘れていたが、読んでいるうちに、「家族みんなでディズニーランドとディズニーシーに行ったなぁ。楽しかったなぁ」とか「地震の時は、ちょうどその日、休んでいた友だちの机にテレビが落ちたんだった」とか、あの頃のことが次々と思い出されてきた。

今になってみれば、嫌々書いている当時の自分に、「作文に残しておけば忘れていた記憶を懐かしく思い出せるから、頑張って書くように」と言いたいくらいだ。

## 母たちが見つかったのは家族の誕生日

僕が東日本大震災に遭《あ》ったのは、小学6年生の時だ。自宅は福島県相馬市にあり、母と祖父母、曾祖母、いちばん上の兄、双子の兄と住んでいた。父は千葉県に単身赴任をしていて、離れて暮らしていた。

津波には、母と祖父母、曾祖母を奪われた。地震のあと、どうしても家から出たくないと言い張る曾祖母を残して、母と祖父母はいったん避難したらしい。しかし、曾祖母が気になっただろうし、地震から津波が到達するまで1時間もあったので、家に戻ってしまった。

4人とも自宅の近くで見つかった。母は自宅の中で、曾祖母を抱きかかえるようにして見つかったそうだ。

そのあとは一人ずつ見つかった。祖父と祖母は、どちらが先に見つかったのか……。今はもう覚えていない。

不思議なことだが、母たちが見つかった日は、どれも家族の誰かの誕生日だった。

僕自身は、東日本大震災が発生した時、まだ学校にいた。あの日は担任の先生の都合で、下校時のホームルームが遅れたのだ。それが幸いした。

あんな大きな揺れは経験したことがなかったので、本当に怖かった。でも、学校の建物には大きな被害はなかったし、津波が来るなんて想像もしていなかった。もし、ふだん通りの時間に下校していたら、帰り道のどこかで津波に巻き込まれていたかもしれない。

小学校は海岸から1キロくらい離れた場所にあった。自宅は、学校より海に近かった。距離は400メートルくらいだったが、近いといっても、周囲には家がたくさんあったので、大津波が来るとは家族も近所の人も誰も考えていなかったと思う。

小学校には津波が来なかったので、近所の人がどんどん集まってきた。僕たち生徒は家に帰してもらえず、学校に足止めにされた。ただ、学校も電気と水道が止まり、避難所として使えない状態だったため、午後10時ごろ、僕たちはバスに乗って、近くの公共施設に移った。

僕はずっと双子の兄と一緒だった。いちばん上の兄は別の学校にいたので、しばらく消息がわからなかったが、助かっていた。

震災の晩は、先生の携帯電話を借りて両親の携帯や自宅に何度も電話をかけ続けた。通信規制もあり、電話はなかなかつながらず、100回かけて、1、2回、コール音が鳴るかどうか。やっとつながっても、すぐに切れるので、少ししか話せない。それでも、父に連絡がついて、声を聞いた時はほっとした。

翌日から水が引き始め、歩ける範囲が広がると、避難所は家族や知り合いを探す人でごった返すようになった。でも、僕と兄には誰も迎えが来ない。近所の人から、「お母さんたちは早くに避難したよ」と教えられていたが、いくら待っても誰も来てくれなかった。

父に会えたのは、地震から2日くらい経った頃だ。

高速道路は緊急車両が優先されていたため、一般道を何度も迂回しながら10時間以上かけて千葉からたどり着いたらしい。やっと会えた時は、僕と兄と父の3人で抱き合った。

母たちを探しに行けるようになるまでには、父と再会してからさらに2日ぐらいかかった。自宅が水没していて、たどりつけなかったからだ。

近所の人たちが道路や家のまわりの瓦礫を片づけてくれたおかげで、家に入ることはできたが、中はぐちゃぐちゃで、僕たちだけの力で何かを探し出せる状況ではなかった。最低限、必要なものを取り出して避難所に戻った。

ちょうどその頃、東京の八王子にいる親戚の叔母が、上京して避難するように声をかけてくれた。

相馬市は、福島第一・第二原発から40～50キロ以上の距離があり、避難指示区域には入っていなかったが、あの頃の福島は混乱していた。避難所は寒く、ゆっくり過ごせない。父も僕たちも疲れきっていたので、すぐに叔母の家に移動した。

## なかなか落ち着かなかった東京の生活

叔母の家に身を寄せるようになってから、父と僕たちは家族を探すため、東京と福島を何度も行ったり来たりすることになった。とくに父は僕たちを叔母に預けて行くこともあり、気苦労も多くて大変だったと思う。

父と一緒に福島に帰った時は、母たちを探すため、僕たちも避難所や遺体安置所を回った。遺体安置所では体育館に並ぶたくさんのご遺体を一体一体、ブルーシートをめくりながら確認していった。最初は勇気がなくて、なかなかめくることができなかった。

家族らしき人が見つかったという連絡があったのは、4月に入ってからのことだ。自衛隊の人が自宅の中で倒れている2人の女性を見つけてくれた。母と曾祖母だった。

祖父母が見つかったのは6月頃。ようやく全員と再会することができたが、「自分が家にいたら、助けられたかもしれない」という悔しさはしばらく消えなかった。

でも、いまだにご遺体が見つからない人がいることを考えれば、僕たちは見つかっただけでもよかったんだと今は思っている。

小学校の卒業証書と卒業アルバムが届いたのも、この頃だった。僕たちの学年は、震災のせいで卒業式ができなかった。とくに僕は震災直後に上京し、そのまま八王子の中学校に入学したこともあって、「友だちと一緒に卒業した」という思い出がない。

母たちを見送ったことで家族の行方については一区切りついたが、生活はなかなか落ち着かなかった。

叔母の家にいつまでもやっかいになるわけにもいかず、僕たちは震災から1年後に青梅市に引っ越した。学区が変わり、中学校も入学から1年で転校になった。

今、振り返ると、「中学1、2年の頃はまともに学校に行けなかったなぁ」という思いが強い。

転校しただけでなく、学校を休んで福島に帰る日も多かったからだ。家族を探すためだったり、18歳以下の全福島県民を対象にした、被ばく線量を確認する甲状腺《こうじょうせん》超音波検査を受けるためだったり、長い時は、半月ほど戻ることもあった。

東京の家は、福島でのびのび暮らしていた僕にとっては狭く、ストレスがたまった。だから、レインボーハウスで思いっきり体を動かせるのが、よけい楽しみだった。

とはいえそれで中学時代が暗かったかというと、そうではなかった。入学や転校したばかりの頃は、「孤立しないかな？　友だち、できるかな？」と不安はあったが、クラスメートのほうから近寄ってきてくれて、励ましてくれたのはありがたかった。僕も人見知りしないタイプなので、すぐに仲良くなれた。

サッカー部に入ったことも、友だちを増やすきっかけになった。作文にも書いているが、あの頃はプロ選手になるのが夢だった。

東京に来たばかりの頃は、「言葉がなまってるから、何を言っているかわからない」とからかわれたこともある。中学1年生の頃は、いじめられたこともあった。でも、負けたくなかった。いじめてきた同級生には口で言い返してもダメだったので、最後は殴り合いのケンカになった。面白いもので、彼とはそれがきっかけで仲良くなり、僕からサッカー部に誘うほどになった。

震災の体験や母たちのことは、クラスメートやサッカー部の仲間に包み隠さず話していた。ホームルームの1分間スピーチで話したり、休み時間に聞きたい人に話すこともあった。それで、友だちが増えたところもあったと思う。

なぜ話したのかというと、学校を休む日が多かったからだ。欠席の理由を説明すると、自然と震災の話になってしまう。僕は無理に隠すより、正直に話したほうが気持ちが楽だった。

おかげで、友だちは僕のことを理解してくれて、休んでいる間のノートを取ってくれたりした。先生にもずいぶん助けてもらった。

あしなが育英会の「全国小中学生遺児のつどい」にも、参加したみんなと輪になって体験を話す「おはなしの時間」がある。そこでも僕は積極的に話をした。参加した人たちの話を聞いて、自分の体験もしっかり話すことは、僕にとって自然なことだった。

震災の直後は、「自分が家にいたら、母やばあちゃんたちを助けられたんじゃないか」という思いもあった。でも、時間が経つにつれて、その後悔も薄れていった。いつの間にか、母たちとの別れに気持ちの整理がついていたのだろう。

どうしてそういう気持ちになれたのか、理由はよくわからない。

中学3年生の頃になると学校生活も落ち着いてきた。

高校に入学してからは兄と一緒にアメリカンフットボール部に入った。サッカー同好会への入部も考えたが、高校受験で狙っていたサッカーでのスポーツ推薦が取れず、以前より熱が下がってしまっていた。

アメリカンフットボールでのポジションは、ボールを持って走るランニングバック。サッカーで鍛えた走力が生きた。一方、兄はディフェンスだったので、高校に入ってから20キロも体重を増やし、筋肉をつけていた。それ以来、双子でも、兄とは見た目がだいぶ違ってきている。

## 調理人として忙しく働く日々

僕は今、調理師専門学校を卒業して、飲食店の厨房で働いている。フレンチ系のレストランと寿司チェーン店の2カ所を掛け持ちする忙しい日々だ。

じつは高校卒業後、最初に進学したのは医療専門学校だった。進学資金は、一人で生きていける力をつけたくて、高校3年生から始めたアルバイトで貯めた。進学先について深い考えはなく、資格を取って働こうかな、くらいの気持ちだった。

入学してみたら、すぐに「自分には合わない」と気づいた。じっと座っていたり、緻密《ちみつ》にコツコツと何かを調べたりする作業が向いていなかった。

そこで、調理師専門学校に入り直し、一人暮らしも始めた。

父は、僕と兄が高校を卒業したタイミングで、相馬市に自宅を再建した。僕と兄は東京に残った。僕は医療専門学校の在学中は、学校の寮に入っていた。学校をやめると同時に寮を出なければならなかったので、アパートを借りることにしたのだ。家財道具は父が用意してくれたが、調理師専門学校の学費や家を借りるお金は自分で用意した。僕がそんなふうに将来を模索していた頃、兄はといえば福島に帰り、父と暮らすことになっていた。

僕が今、主に働いているのは、寿司チェーン店のほうだ。本当はレストランでもっと勉強したいが、新型コロナウイルスの影響もあって、人手不足の寿司チェーン店で働く時間のほうが長くなっている。

寿司以外のメニューも豊富で、お客さんが多い人気店なので、仕事はきつい。にぎり寿司以外が僕の担当で、天ぷらを揚げたり、味噌汁やラーメンを作ったり、忙しい時には働き通しの時もある。

でも、毎日忙しくても、職場で頼られるとやりがいを感じる。人が足りない時は、代わりにシフトに入るし、調理を担当するメニューも多い。帰宅が深夜になることもあって、毎日４時間くらいしか寝られない。今、いちばん欲しいのは睡眠時間だ。

将来はまだよくわからない。交際しているベトナム人の彼女次第かなと思っている。知り合ったのは、高校時代にバイトしていたマクドナルドだ。店の近くにある日本語学校の生徒がたくさんバイトをしていて、彼女もその一人だった。

一緒にいると、気持ちが落ち着く。貧しい生活で苦労してきたこともあり、堅実《けんじつ》で、あまりモノも欲しがらない。なによりもかわいい。一生懸命、日本語や医療の勉強をする姿を見ていると、力になりたいと思うだけでなく、「僕も頑張らないと」と刺激される。

東京の暮らしが長くなってきたが、２年前には相馬市の成人式にも行ってきた。忙しさから、すぐに東京に戻らないといけなかったが、顔を見たら、すぐに誰かわかり、小学校時代の友だちとの再会は懐かしかった。

震災から10年経って、自分自身は何か変わったのだろうか。自分ではよくわからない。小学校時代の友だちからは、「変わった」と言われた。昔は元気があり余っていて、よく学校で暴れていた。当時に比べるとおとなしくなり、落ち着いて見えるようだ。

自分では物怖じしないタイプだと思っているが、祖父母から聞いた話では幼い頃はおとなしかったそうだ。それも母にぴったりとくっついている子だった。僕はほとんど覚えていないが。たぶん、10歳くらいからサッカーを始めたので、それをきっかけに母から離れていったのだろう。

その後も母との仲は良く、家に帰るとずっと話をしていた。父が単身赴任で大変だったので、家事をよく手伝っていたことも記憶に残っている。

今は毎日を暮らすので精一杯で、昔を思い出す時間があまりないけれど、3月10日までは、そんな母たちとの生活があったのだ。

（2020年11月25日取材）

第4章

# 人生を好きでいたい――

## 「これから」の手記

10年経った今、18歳以上になった震災遺児たちが「これまで」と「これから」への思いを綴りました

# 死をもって生を想う

K・R

あの日を思い出さない日はない、と言ったら嘘になります。けれどあの日がなければ今いる自分がここにいることもない、というのは事実です。

不定期に思い出す父のこと、あの日のこと、あの時の自分のこと。「あれから10年」なんて言葉を口に出す自分を想像しきれていなかった、14の私。「あれから10年」なんてことを書こうとしている24の私。あれから10年が経ってしまいました。大人になってしまった自分は、父の目にどう映るのでしょう。私の人生を空の上から一緒に楽しんでくれているのでしょうか。

## 世界中を旅し、いろんな人に愛された10年

今の自分について話す前に、少しあの時の自分についてお話ししたいと思います。

私にとって2011年3月11日は震災があった日、というよりも、父が死んでしまった日。父は仕事で、宮城県の沿岸部に位置する閖上《ゆりあげ》にいました。

私は内陸部で暮らしていたので津波を見ていないし、家も無事でした。町も被害がなく、震災後すぐに元通りになり、学校の人たちも何事もなかったかのように暮らしていました。

変わってしまったのは、食卓の黒い椅子に座る人がいなくなったこと。3人家族が2人家族に

なったこと。日曜日が好きじゃなくなったこと。あの日たくさんの人が死んだということは頭では理解していたけれど、ほかの人々の死まで悲しむ余裕はありませんでした。

あまりに突然起こったことに、私の頭は置いていかれてしまいました。何かがおかしくなってしまったので、自分を守るために一度心を閉じました。その瞬間、その時周りにいた友達はみんな離れていってしまいました。中学校を卒業するまで悲しみでいっぱい。父の死に対してだけではなく、何から何まであらゆるものに悲しみや虚しさを感じていました。

年齢的なものもあったかもしれないけれど、世界はとても暗かったのです。周りが見えなくなるほどに真っ暗でした。音楽だけが救いではありましたが、ほかのものはすべてどうでもいいと思っていました。何という理由もなく、毎日悲しくて仕方がなかったんです。精神的な問題を患っていたのかもしれない、と今になって思います。14歳の少女に親の死なんて理解できるはずがありません。私にとって初めての「もう一生会えない人」が、父になったのです。

生きているすべての人の10年の間に様々なことが起こるように、私のこの10年の間にも様々なことが起こりました。この10年間、大学進学のため上京し、何度も路上やライブハウスのステージでギターを抱えて歌い、世界中を旅し、素晴らしい人々に出会い、時には坊主になり、時にはアフロになり、アフリカで1年暮らし、いろんな国でいろんな人を愛し愛され、いろんな自分がいることを知り、本当に多くのことを実際に自分の目で見て手で触れて学んできました。10年前、死についてばかり考えていた自分がいたけれど、今は生きることについてばかり考えています。

この10年間、何より大きかったのは人との出会いでした。「震災《しんさい》遺児《いじ》」という言葉は、勝手に大人が作り上げた〝カテゴリー〟のような言葉で、私はあまり好きではありませんが、「震災遺児」の私たちは、「震災遺児」としてたくさんの機会を与えていただきました。

私は昔からいつも大人たちを疑っていたけれど、そんな私に対しても諦めず、心を開き、手を離さないでいてくれる人たちに出会えました。幼い私にはそれがどれほどありがたいものか理解しきれていなかった部分がありますが、今、みなさんに心から感謝しています。

様々な機会の中に、あしなが育英会の「海外研修プログラム」での1年間のセネガル研修や、「世界がわが家」のウガンダ公演がありました。ほかにもベルギーやフランスに連れて行ってもらうなど、たくさんの貴重な経験をさせていただきました。

自分の世界や視野を広げる経験が、自分の中のモラルや価値観、人生観を作り上げてくれました。私には私の哲学があり、それは震災後に出会った人々や見た景色、経験から成り立っているものです。震災がなかったら、今の私はいません。「父が死んだから」「震災遺児だから」こそ、私には今の人生があります。

楽しいことばかりではないけれど、できるだけ毎日楽しく生きようと努力しています。落ちた気持ちを上げるために、一生懸命できることをやっています。人生を好きでいたいと思っています。24という自分の歳に少し驚いていますが(いつの間にか大人になっていた)、年を取ることに対して嬉しく思うし、父のように何かが起こらない限り、まだまだ生きていろんな世界を見られるということがとても嬉しいです。

できるだけたくさん生きたいといつも思います。生には必ず死があるということ、それをだんだんと理解できるようになってから、ずっと気持ちが楽になりました。父の死は、私にとって考えるきっかけとなりました。何かあるごとに立ち止まって考えさせてくれます。

と同時に、大きな罪悪感もあります。父の死なしに、私は人生をこんなにも愛せていなかったでしょう。それに気がつくたびに父と、震災で亡くなった方々に罪悪感を抱きます。たとえ周りの人に「お父さんはあなたが幸せでいてくれて喜んでいるでしょう」と言われても、唯一消えない罪悪感。現在を肯定することは、同時に父の死の肯定にもなってしまうのです。過去について考えることは、深い海に潜り込んでいくようなもの。明るく生きていたいだけなのに、と時々思います。

## 一生懸命生きる人の居場所になりたい

けれでも最近になって、すべては父からの贈り物だと考えるようになりました。旅に出られたこと、絵が描けること、詞を書いて歌えること、素敵な人たちに出会えたこと、感性、感覚、勇気、感動、知識、図太さ、明るさ。そしてこんな人生を、父は与えてくれました。音楽と芸術と優しい人たちに溢れた生活です。

父は音楽がとても好きな人でした。そして父の聴いていた音楽が私は好きです。もしも今父に会えたら、好きな音楽について永遠に語り合いたいです。今になってやっとわかった父の好きだったものの良さ。キンクスやゾンビーズの話を、一人でイギリスのリバプールにあるStrawberry《ストロベリー》 Fields《フィールズ》やCavern《キャヴァーン》 Club《クラブ》まで行ってきた話を、好きなブルースの話を、今ならもっとわかり合えるのにな、と時々思います。

私は２０２０年に日本の音楽大学を卒業し、フランスで暮らしています。現在は日本語教師の資格を生かして、語学学校で日本語教師として半年ほど働いていました。本当ならばフランスの大学に入り直し、社会学を勉強する予定でしたが、新型コロナウイルスの感染拡大で受け入れ先の大学も入学延期。それでも仕事のほかに、こちらの仲間たちと絵を描いたり歌ったり、穏やかに暮らしています。

日本での生活があまり自分に向いていなかったので、精神的に安定していて、とても生活が楽しいです。私にはこっちの方が自由で生きやすいです。あちらこちらと旅をしている間に世界中に居場所ができ、本当に「世界がわが家」となりました。

今後は、社会学、主に人種差別問題について学び、社会でマイノリティとされる人々の居場所を作れるような活動をしたいと思っています。肌の色が違うだけで生きやすかったり生きづらかったりする社会は、あまりに理不尽で時々頭にきます。ヒトと違うことは、素敵なことです。わざと違うことをする必要はありませんが、同じようにしすぎる必要もありません（協調性も大事にしつつ）。

私はありがたいことに、ありのままの自分を認めて許してくれる人たちに出会えました。けれどもみんながみんなそうではありません。意地悪な人に優しくするつもりはありませんが、ひたむきに一生懸命生きている人たちが少しでも前を向けるように、彼らの居場所になりたいです。そのためには勇気と気持ちだけではなく、知識と経験が必要です。なのでもう少し勉学を続けようと思います。

この10年間、本当に多くの人たちに支えられ、助けられて生きてきました。立派な大人になれたかどうかはわかりませんが、少なくとも正直な大人にはなれました。ここまで歩んでこられたのはみなさんのおかげです。

実際に会って支えてくれた人、会うことはできなかったけれど陰で応援していてくれた人。少し捻《ひね》くれていた私は、小さな反抗心と疑心《ぎしん》のせいで素直に感謝できていませんでした。今思うと、優しくしてくれた人たちに申し訳ない態度をとってしまったと思います。もう一度お会いできた際には、謝り、感謝を伝えたいです。

すべての人に直接恩返しをするのは難しいですが、今度は私が、助けや居場所が必要な人たちに、みなさんが私にしてくれたことを同じようにしていきます。弱者にも強者にもなりたくありませんが、いつでも弱者の味方でありたいです。そしてあわよくば、もう少し年を取ったら、意地悪な人にも優しくなれる人になりたいです。

最後にですが、人生１００年時代といいながら、１００年なんてあっという間なんだろうなと思います。父は43歳で、もうそれ以上、年を取らなくなりました。

私はいつも死を想います。自分にも家族にも恋人にも友達にも、いつ何が起こるかわかりません。みんなに長く生きてほしいし私も長く生きたいですが、本当にわかりません。未来はケセラセラであり、またインシャアッラーです。だから毎日をもっと大事に、大事な人たちをもっと大切に、そして明るく楽しく生きていかなきゃなといつも思います。

それがあの日の震災から学んだ私にとって一番大切なことです。

（２０２０年12月）

# 太陽のような父を亡くして

萩原彩葉《さわは》

東日本大震災。大きな揺れと割れた地面に恐怖を抱いた日から、もう10年が経ちました。そして、私の父が亡くなってから10年が経ちました。あの日のことは、今でも鮮明に覚えています。体育館中に悲鳴と泣き声が嫌というほど響き渡っていました。

私の父の名前は英明《ひであき》。名前に「明」がついているだけに、家族を太陽のように照らしてくれる存在でした。仕事で疲れているのにもかかわらず私たちと遊んでくれました。父となら、ただの買い物ですら遊園地に行ったみたいに楽しかった。そのくらい父の存在は大きかったです。

震災の日も、泣いている子たちを慰めながら、「父がいるから大丈夫」漠然とそう思っていました。母が小学校に迎えにきて家に帰り、まるで逆さまにして振られたようにぐちゃぐちゃになった部屋を見ても、不安に感じることはありませんでした。

電気やガス、水が止まっていたので避難所に向かいました。父が帰ってきても、私たちがどこにいるかわかるように置き手紙を残していきましたが、何日経っても迎えに来ない父。私たちにも少しずつ不安な気持ちが芽生えてきました。

新聞で父が亡くなったと知ったのは、それから1週間ほど後でした。そこからは地獄のような日々でした。笑顔も会話もない、ただ生きているだけでした。骨と皮だけになった母に気づいた時、このまま私たちも死ぬんだなと思っていました。

母方の祖父母に支えられながら生活をし、ただ1日が終わってまた1日が始まるのを待つだけでした。お葬式の日、嗚咽《おえつ》を混ぜながら泣いている母や兄妹を見た時、このままでは家族が終わる、ならせめて私は泣かないようにしようと決意しました。

泣かないことに意味はないかもしれないけれど、それでもその時の私は、それが家族のためだと思っていました。それから私は誰かの前では泣かなくなりました。お風呂や布団の中で、一人で泣きました。

## 弱い自分を受け入れてほしい

「あしなが育英会のつどいに参加しない？」

母に勧められるままにつどいに参加しました。顔も知らない、全国各地から集まった同世代の子たち。ここにいる全員が、理由は違えど、親を亡くした子たちだということに動揺を隠せませんでした。

親を亡くしたのに明るく元気で、なぜ立ち直れるんだろうと思っていました。つどいには亡くなった人のことを話す時間があります。私にとっては耐えがたい時間でした。話したくないならパスできるというルールがあったのが救いでした。悲しい気持ちを拗《こじ》らせていた私には、泣いてまで話す意味が理解できなかったんです。それから何回かつどいに参加しましたが、父の話を私からすることはありませんでした。

それでも同じような境遇の子たちと遊ぶだけでも悲しい気持ちはどんどん薄れてきました。私が重い口を開いたのは、もう話をしても泣いたりしないと思ったからでした。でも、いざ話してみると、ダムが決壊《けっかい》したかのように涙が溢れてきました。父との思い出や姿を思い浮かべるだけであの頃が恋しくなり、あんなに良い人だった父を早くに連れて行った神様に苛立《いらだ》っていました。

その気持ちを押し殺して自分で自分を慰《なぐさ》めていました。涙を流せば周りを悲しくさせる。自分の弱いところを見せたくない。その気持ちがより悲しみを育てていたんです。

話し終わったあと、こう言ってくれた人がいました。

「誰かの前で泣いてもいい。心の痛みを癒《いや》してくれる。亡くなったことは変わらないけど、悲しい気持ちを楽にしてくれる。一人で抱え込まないで」

その言葉を聞いた時、私はこの言葉を言ってもらいたかったんだとわかりました。弱い自分を受け入れてほしいと思っていたんです。泣いてもいいと言ってもらいたかったんです。その日から、心の中にあった黒い部分が薄れ、少し生きやすくなりました。回数を重ねるほど毎日が少しずつ明るくなり、自然と笑顔にもなれるようになりました。

私の人生の分岐点《ぶんきてん》は、父を亡くした以外にもう一つあります。それは小学5年生の時に受けたいじめでした。あの時私をいじめていた子たちは、このことを覚えていないでしょう。

私のいじめの理由は、父を津波で亡くしたことでした。私にはどうしようもない理由でいじめられ、大切な父を笑いモノにされ、憤りを感じていました。何をいっても止まらない罵声《ばせい》、防災頭巾を踏まれ、髪を引っ張られるなど、精神的にも身体的にも追い詰められていきました。

私の頭には死ぬことしかありませんでした。明日は何をされるのか、どうやり過ごそうか考えるのに疲れて、いつ死のうかと思っていた時に救ってくれたのもあしなが育英会でした。

数カ月も会っていない私の変化に気づいてくれました。初めていじめの相談をして、「いじめは止められないけど、味方ではいられる。人の苦しみや痛みを知らない人が言うことに、耳を傾けないで」と言ってくれました。学校に居場所がなくても、それよりも広い世界には私の味方がたくさんいるから大丈夫だと思わせてくれました。今は、あの時いじめてきた子たちがまだ狭い世界にいないことを願っています。

## 二度も命を救ってもらった

私たちの人生は普通の子とは違いました。私よりも辛い経験をした子もいると思います。これからの人生で辛い経験をしてしまう子もいると思います。その子たちには、人生の分岐点になるのは何かに絶望し、辛い経験をした時だということを知ってもらいたいです。

大切な人を亡くしてできた穴は、一生埋まることはありません。でもだからこそ得るものがあります。父の死がなければ出会うことのなかった人や過ごすことのなかった時間があります。

誰かに蔑《さげす》まれ、心に傷を負った時、死にたいと思うかもしれない。けれど必ずどこかに味方がいます。私がいじめられた時、味方になってくれたのは学校の友達でも先生でもなく、数カ月に一度しか会わないあしながの友達でした。学校という小さな世界には私の居場所はなく、もっと外側の世界にあったんです。

私はこの経験で大切な人を亡くす苦しみ、いじめの辛さを知りました。そしてそれらが私を襲ってても助けてくれる人たちがいることも知りました。二度もあしなが育英会に命を救われ、心の支えになってくれました。私も誰かを支えられる存在になりたいと思うようになりました。

私は今、仙台商業高校の男子バレー部でマネージャーをしています。高校生の私ができる〝誰かの支えになる〟ことの第一歩です。高校3年間の毎日を部活に捧げ、それも苦だと思わないほど自分の役職にやりがいを感じています。

あしなが育英会からの支えがなければ、誰かを支えられる人になりたいなんて思いもせず、今の部活に入っていませんでした。あしなが育英会のおかげで、自分の時間も労力もすべてを使ってサポートしたいと思える仲間と出会えました。

（2020年12月13日）

# 幸せは生活の質や環境で変わるものじゃない

新田佑《ゆう》

この10年は、色々な人と出会った10年間でした。

２０１１年３月11日が、私の人生の大きな岐路になりました。小学３年生だった私は、東日本大震災で被災し、母と妹２人をなくしました。

母は、夏休みにコンクールのために習字の練習をさせ、字を丁寧《ていねい》に書かないと怒るような厳しい人でした。ですが、そのような母だったからこそ、今の私がいるのだと思うし、感謝しています。

母は２人の妹を産んでから、ヤクルトの訪問販売の仕事をしていました。母が働きに出ていたこともあって、私が妹たちの世話をよくしていました。

妹たちとは仲はよかったのですが、とくに上の子がやんちゃで、世話が大変でした。休日には家族みんなでよく出かけました。車の中で両親が好きだったスラムダンクのアニメを見ていたのを覚えています。そんな「当たり前の日常」が、その日を境に、二度と取り戻せないものになりました。

震災後、私はあしなが育英会を知り、多くの方々に出会い、今でもサポートしてもらっています。私の住んでいた岩手県陸前高田《りくぜんたかた》市に、仮設のレインボーハウスが設置されたのがきっかけだったと記憶しています。

当時小学生だった私にとって、あしなが育英会の「全国小中学生遺児のつどい」は自分の素を出せる場所、気を使う必要のない場所でした。被災していても自分の周りには同じように親を亡くしている同級生が多いわけではなかったので、学校は気を使って、使われる場所でした。

でもつどいでは、同じ体験をした遺児どうしで集まって、気兼ねなく時間を過ごすことができます。自分のような人たちと多く出会う中で、自分は一人ではないのだなと強く思いました。両親がどちらもいなかったり、金銭面で自分以上に苦しかったりする人が、部活に打ち込んでいたり、あしなが育英会の制度を使って海外に行ったりと前向きに過ごしているところを見るのはとても励みになり、自分も後ろばかりではなく前を向くことができました。

とくに自分にとって大きな存在だったのは、あしなが育英会の職員さんと多くのファシリテーターの方々です。家族を亡くしたうえに、生活環境ががらりと変わってしまい、これからの将来がどうなるのかまったくわからず不安でいっぱいだった小学生の私には、同じ境遇を生きる先輩たちの存在は大きかったです。自分と少しでも似ている人の姿を見ることで、「そこまで不安に感じなくてもいいのかな」と思えました。

学校や家族との人間関係で悩んでいる時は、職員さんにはいつも寄り添っていただきました。親のような存在でした。甘えてキツイ言葉を放ってしまったこともありましたが、みんな私のことを決して否定せず、常に肯定してくれました。私が精神面で成長できたのは、職員さんとファシリテーターの方々のおかげだと思っています。

中学3年生の時に行かせてもらったフィリピンでの英語キャンプも、私の価値観を変えるきっかけになりました。

このキャンプでは、現地の貧困層の子どもたちとの交流がありました。彼らはお下がりの教科書や洋服を使っていましたが、生活の質を気にすることもなく幸せに暮らしていました。また、街中《まちなか》で壊れている壁の建物や教会の前で物乞《ご》いをする人々を見て、日本での生活との大きな違いを感じました。

そんな様々な違いを目の当たりにし、動揺が隠せなかった私に、ファシリテーターの方がこう言いました。

「彼らの生活を見てかわいそうと思ってはいけない。彼らには彼らの幸せがあり、それを外からどうこう言ってはいけない」

フィリピンで出会った人たちの前向きで元気に溢れる姿とファシリテーターの方の言葉から、幸せとは生活の質や環境によって変わるものではないことを学びました。そして、「環境にかかわらず、自分次第で幸せになることはできる」と考えるようになりました。

## 震災時に役立つ技術を学ぶために

私は今、東京の大学に入学し、「あしなが心塾《こころじゅく》」（あしなが育英会が運営する学生寮）で生活をしています。東京に引っ越してきた2020年3月は、ちょうど新型コロナウイルスの流行が本格化していたため、不安が大きかったです。3月はコロナウイルスの拡大を懸念し心塾が閉鎖したため、一旦地元に帰郷し、心塾で実際に住み始められたのは6月でした。けれども、多くの寮の先輩や、同期と毎日を過ごすことはとても楽しく、充実しています。

3人部屋だったり自分で炊事や洗濯をしたり、心塾では今までの生活とは違うことが多いです。実家の部屋に比べると、自分のスペースが狭く感じますが、それに負けないくらい仲良く、楽しい生活を送っています。海外からの留学生がいることも新鮮で、心塾のいいところです。

ただ大学はまだオンラインでの授業で、同じ大学の人たちと交流できていないことに不安を感じます。その分、寮の人たちと関わる時間が増えますが、いまだに大学生になったという自覚ができていないのも確かです。早く大学で授業を受け、大学生らしい毎日を送りたいと願いながら、集団生活のためコロナウイルスに精いっぱい気をつけて生活しています。

私は震災時やネットワークが繋《つな》がらないところで役立つ、アドホックネットワークについて学びたいと考え、今の大学に進学しました。きっかけは東日本大震災での自分自身の経験です。

大震災ではネットワークが一時的に繋がらなくなり、私も親せきと連絡がつかない状態でした。父が毎日家族を探しに行っている間、連絡の手段もない中でひとり避難所で待っていました。避難所には人がいっぱいいましたが、家族の安否がわからなかったため、非常に孤立感を抱いていたし、「どうなるんだろう?」と不安が募りました。

大学の進学先を考える際に、「被災の経験が結びつくような学問を学びたい」という気持ちが芽生え、震災時に生かせる技術はないのかを調べていたら、アドホックネットワークを知りました。

卒業後にやりたい仕事はまだ具体的には決まっていませんが、大学で学んだことを、自分の経験したような状況に生かせるような仕事につきたいです。

また、「あしながインターンシップ・プログラム」等で1年間海外に行きたいとも考えています。経験者の心塾の先輩やファシリテーターから話を聞いて興味をもったのがきっかけで、英語を話せるようにもなりたいからです。今はコロナウイルスの影響でプログラムは休止中ですが、この先、自分が行けるようになる時のために英語の勉強に力を入れていきます。

今までの生活を振り返ると色々な人と出会い、それによって今の人格を形成してきたと感じます。私が今、普通に生活できているのも、多くの方々の支援があってのことです。お世話になった人たちのためにも、今度は私が、自分と同じような遺児たちを支援する側になりたいと思います。

（２０２０年12月９日）

# たくさんの幸せに気づける人でありたい

大槻綾香

私にとって東日本大震災を経験したことは、人生における大きな転機となりました。

震災当時、私は中学2年生でした。母や友達を亡くし、住み慣れた家もなくなりました。一瞬にして失うものの大きさに驚き、それまで川も海も山もある豊かな自然が町の自慢だと認識していましたが、津波を通して自然の恐ろしさと人間の無力さを実感しました。映画やドラマを見ているような現実味の無い感覚があり、混乱したことを今でも覚えています。母の遺体が見つかったのは、震災から約1カ月後でした。

震災を経て、親と死別したことは特別な経験ではないと感じています。誰のもとにも、大切な人の死を受け入れなければならない時は訪れ、そしてそれは突然のことかもしれないからです。人の死だけでなく、自分自身の死も同様にいつ訪れるかわかりません。

しかし、震災を経験したことで得るものも多くあり、その中でもとくにあしなが育英会との出会いは、私の視野を大きく広げるきっかけになりました。私と同じように震災で大切な人を亡くした子どもたちがたくさんいることを知り、自分は一人ではないことに気づき、心落ち着く居場所となりました。親を亡くしたことでの悲しみや寂しさなど気を遣わずに話せるのは、学校の友達とは違う似た体験をした仲間と出会えたからだと思います。

学校の友達とは違う仲間を見つけることができたのも、たくさん参加した「つどい」のおかげです。

また、学校の友達や家族には話しにくい悩みなど、どんな話をしても受け止めて一緒に考えてくれる職員やファシリテーターの存在は、私の心に多くの影響を与えてくれました。現在は、私もファシリテーターとして子どもたちと関わっています。

## 生きることの尊さを教えてもらった

あしなが育英会と関わる中で、フランスとアメリカ、アフリカのウガンダに行く機会も得られました。どの国で過ごした時間もとても有意義で、貴重な体験ができました。

フランスは幼い頃からの夢であるパティシエになる上で、一度は行ってみたかった場所でした。私がお菓子を作り始めたのは、小学校に入る前の5歳の頃です。最初は母親の隣で手伝うだけでしたが、徐々に自分だけで作るようになりました。母親と一緒に朝、早起きをして、お弁当や朝ご飯を準備したりもしていました。休みの日は近所の友達を呼んで、ホットケーキをふるまったり、クリスマスなどイベントがある時はケーキを焼いて家族みんなで食べたりして楽しんでいました。

とくに思い出に残っているのは、小学生の頃のバレンタインデーで、クラスの子や先生たち全員にチョコを渡すために、前日から母親と準備をしたことです。小さな学校で生徒数も少なかったですが、皆に喜んでほしくていろんな種類のチョコや焼き菓子を作って飾りつけしたのを覚えています。イベントも楽しくて好きでしたが、日常の何気ない時に友達や家族とお菓子を食べる時間が好きだったので、幼少期から自然とパティシエを目指すようになりました。

そんな私にとって、フランス滞在中に洋菓子店でお菓子作りの体験ができたのは夢のような時間でした。私が作ったマカロンやアプリコットのタルトをホストファミリーと一緒に食べて、「美味しい」と言ってもらえたことが嬉しくて、とてもいい思い出になっています。

アメリカとウガンダでは、「世界がわが家」という育英会が主催する舞台に出演するという大きな挑戦をしました。演劇は興味がありましたが、自分が関わることのない世界だと思っていました。

舞台は、日本、アメリカ、ウガンダの3カ国のメンバーが集まって行われました。私たち日本のメンバーは、震災で大切な人を亡くした悲しみを乗り越え未来へと歩んでいく「約束」というタイトルの物語の群読《ぐんどく》と、感情の波や伝えたい思いを和太鼓で表現しました。ウガンダのメンバーはダンスを、アメリカのメンバーは歌を披露しました。

アメリカの公演では、これらの演目に加えて、3カ国の代表者で小説「あしながおじさん」にも取り組みました。私は日本人の代表として、ジルーシャ・アボット役を演じることができました。

ステージ上から見る景色はとても華やかで緊張感もあって、公演が終わった後のスタンディングオベーションを体験したことは、忘れられない宝物になりました。

震災は私から多くの宝物を奪っていきましたが、それと同時に、私に生きることの尊さと死との向き合い方を教えてくれたと思うようになりました。大切なものを失ったからこそ、誰かに自分の思いを伝えられることのありがたさや、何があってもそばで見守ってくれる存在がいることの心強さなど、新しく得られたものがより大切に感じられる気がします。

今ゆっくり勉強できたり、楽しく仕事ができたり、当たり前に日常生活を送ったりできるのはとても幸せなことです。その一方で、わかっていてももっと幸せになりたいと求めてしまう時もあります。それは決して悪いことではなく、生きているからこそ感じられるのだと気づきました。この気づきは、仮設住宅で落ち着いた暮らしができなかったり満足に勉強できる環境がなかったりした経験から得られたのだと思います。震災の経験は必ずしもマイナスなことだけではないと感じた瞬間でした。

## 一度も休むことなく参加してきた「にじカフェ」

現在は、製菓専門学校を卒業した後に入学した大学で心理学を勉強しながら、洋菓子店で製造販売のアルバイトをしています。洋菓子店で働くという幼い頃からの目標を実現させ、日々たくさんのケーキを作っています。クリスマスなどのイベントもあり忙しいですが、任される仕事も増えてきて楽しく充実した時間を過ごしています。

２０２０年は新型コロナウイルスの影響でお店の休業期間が1カ月ほどあり、その休みを自分と向き合う時間にしました。レインボーハウスでの「つどい」や同世代で集まる「にじカフェ」が6カ月以上も開催されず、自分の心に丁寧に触れることや他の人の話を聴く機会が減ったからなのか、もやもやした気持ちやコロナウイルスに関連した不安で頭が埋まっていくような感覚になりました。

にじカフェは3カ月に一度のペースで開催されていましたが、第1回目の開催から一度も休むことなく参加しています。中学生の頃からつどいには参加していましたが、同世代の参加者よりも小さい子どもたちが多く、お姉さん的な存在として関わることがほとんどでした。

しかし、にじカフェでは、大学生や社会人が参加者となるので学校や仕事のこと、将来について、震災で亡くなった大切な人について、たくさんの話をしています。にじカフェという名前の通り、カフェのようなゆったりした空間で話をしたり、ご飯を一緒に作って食べたり、ゲームをして遊んだりしてリフレッシュできる場所です。

いつ参加しても暖かい雰囲気で、家に帰ってきたような安心感があり、皆と会えることを楽しみに日常を頑張ろうと思える居場所になっています。

コロナウイルスによって世の中がどんどん変わっていく様子は、震災の体験と似ています。見えない恐怖に曝《さら》されながら生活するのは、身体的にも精神的にも負担がかかりました。ゆっくり時間を使って自分と対話することで、少しずつ前向きに今できることを考えられるようになりました。これからを考える中で、プログラミングの習得や心理学の研究、起業など新しくやってみたいことが出てきて、これらを実現させるために勉強する時間が増えました。

今はあしなが育英会でも対面で自由にファシリテーターの活動ができない分、グリーフケアについてもっと学び、自分のためにも、子どもたちのためにも私ができることを考えていきたいです。にじカフェも対面ではできていませんが、新しい形をみんなで考えて落ち着ける時間を共有できたら、仕事や勉強を頑張れる活力になると考えています。いつかまたみんなと対面で集まれるのを楽しみに待ちつつ、これからもあしながで出会った人の輪が大きくなるように活動していきたいです。

私のこれからの目標は、常に自分が幸せを感じられる選択をすることです。私自身が幸せでいることで周囲の人たちにも良い影響を与えられると考えています。幸せの形は人それぞれですが、私にとっての幸せとは、「私らしくあり続けること」です。過去の私も現在の私も好きですし、これからの私も好きでいられるようにたくさんの幸せに気づけるような人でありたいです。

苦しいことや悲しいことがあっても、震災を経験して身につけた強さを生かして、いつ自分の身に死が訪れても幸せだったと思えるようなこれからを歩んでいきます。

（２０２０年12月）

ともに歩んで❸

# もがきながらさぐりながらの10年

遺児家族　吉住玲子＊

津波で夫を亡くし、3人の子どもと避難生活を続ける中で、気持ちが少しずつ前を向くようになったのは、東日本大震災から1年以上経った頃でした。友人ともバラバラになっていたため、その時々の状況や悩みを話せるのは「仙台ワンデイプログラム」と「東北レインボーハウス」だけでした。

初めて参加したのは、2011年11月です。この日は初参加でとまどいが大きく、あまり思いを口に出せず、とても心残りだったことをよく覚えています。当時、下の子が3歳で私から離れてくれず、私ももっと他のお父さん、お母さんと話をして気持ちを共有したい思いがありました。

震災から1年も経っていない頃は自分の中でも整理がつかず、亡くなった人をどこかで待っていました。心もボロボロで泣いてばかり。辛い気持ちから抜け出せるのはいつなのかな……と思い、さらに考えすぎて眠れない日もありました。市街地がまだ落ち着いていなかったこともあり、レインボーハウスに行くだけでも大変でした。

けれども、何度もレインボーハウスを訪ねていくうちに、同じ状況で頑張っているお母さんたちの話を聞き、自分も話し、さらにファシリテーターの方の話を聞き、抑えつけていたものが溢れ出すようになりました。子どもたちへの不安、これからの仕事の不安、住む場所への不安、あせり……。

知らず知らずのうちに、自分の心に残る夫への気持ちや、震災時の記憶も抑えつけていたことに気づくことができました。レインボーハウスで、心に積もった感情を吐き出すことが心の回復につながっていったのだと思います。

震災で亡くなった夫は、私たちを守るために上へ行ってしまいましたが、私たちに「生きろ」と言ってくれてるんだと心から感じますし、私たちにいつもメッセージを送ってくれているんだと、今も日々、感じて生きています。夫のメッセージを受け取って、子どもたちも私も、自分たちの人生を前向きに生きていこうと心から思い続けてきました。

震災からここまで、気持ちが上向く時期もあれば落ち込む時期もあり、浮き沈みを繰り返しながら過ごしています。上の娘が中学3年生の頃に学校に行けなくなり、私も仕事を一時的に辞めて、娘ととことん向き合った時期もありました。子どもたちも私も、もがきながらさぐりながらの日々でした。

そんな私たち家族にとって、レインボーハウスは笑うことができる！楽しいと思うことができる！気持ちの切り替えをすることができる！場所です。そういう場所があるとわかっているだけで、気持ちがずっと楽になります。

上から私たちを導いてくれている夫にも、ありがとうと伝えたいです。（2020年12月）

第5章

# てんごくのパパへ、ママへ――「ありがとう」の手紙

2020年のアンケート調査で届いた、大切な人への手紙の数々

**おとうさんへ**

震災から10年がたとうとしています。

ぼくはまだ2さいでした。おとうさんはやさしかったです。

友だちやかぞく、おせわになった人たちのおかげで毎日楽しくすごしています。

これからもおせわになったみなさんにかんしゃして生活していきたいと思います。おとうさんのぶんまでがんばります。

**東日本大しんさいでなくなったパパへ　大すきなパパのむすめより**

わたしがうまれる前、つなみで、わたしを見る前に天国へ行ってしまったよね。

だから、ようちえんのときはパパとわたしのしゃしんがないことをふしぎに思ってたんだ。そのことを知ったママはね、パパのしゃしんとわたしのしゃしんをくっつけてキーホルダーにしてくれたんだよ。

キーホルダーをランドセルにつけたよ。
だって、いつもパパはママとお姉ちゃん２人とお兄ちゃん、それとわたしといっしょだもん。これからも、みんなでずうーっといっしょにせいちょうしていこうね。

**亡くなったお母さんへ**

私は今、声優を目指しています。
学校で1番とくいな教科は理科です。
今お母さんは、元気にしていますか？
私は元気です！
ゆめでいいから、お母さんに会いたいです。

**あしながさんへ**

私たちのためにお金や物をきふしてくださってありがとうございます。

私は友達とたくさん遊んで、幸せにすごしています。それはあしながさんのおかげだと思います。

私のしょう来の夢は、あしなが育英会のしょくいんになることです。しょくいんになれたらあしながさんのように、優しい人になりたいと心から思っています。

私も、人のために自分の大切な物を使えるような大人になりたいです。そのために、友達やまわりの人に優しくしたいです。

**災害で大切な人をなくした人へ**

私は津波でお母さんを亡くしてしまいました。そのころ私はまだ10カ月でした。

あれから9年6カ月がたちました。私はあまり、お母さんと生活した記憶がありません。お母さんの顔もおぼえていません。

私も災害で大切な人をなくした人も、きっと同じく悲しいと思いますが、私は、つらくても、悲しくても、たえています。

みなさんも、どんなにつらくても、悲しくてもたえるしかないんです。悲しんでいたら、亡くなった人も悲しんでしまいます。だから、笑顔でいてください。

**東日本大しんさいでいなくなったお父さんへ**

「短い時間だけど、いっしょにくらしてくれてありがとう」

**レインボーハウスの人たちへ**

ぼくは、しんさいでお父さんをなくしました。
来年の３月でしんさいがおきてから10年になるので、しっかりとかんしゃをしようと思いました。

## あしなが育英会　あしながさんなど　しえんしてくださる人へ

お元気ですか。新型コロナウイルスに負けていませんか。わたしが覚えていることの中でさがしても、1年間、あしながで楽しい思い出をつくれなかった年はなかったと思います。

今年は、コロナウイルスがはやってしまい、初めて、ものたりないような、やりのこしたことがあるようなモヤモヤした気持ちで終わる年になってしまいました。

わたしの学校は、コロナの影響で1学期できなかった行事が2学期につめこまれていて、1カ月に1回は行事があります。このように、今年できなかったあしながの活動を来年につめこむのはどうでしょうか。

このモヤモヤを来年でパーッとふきとばしたいのです。でもこれはわがままですよね。

はやく元のように楽しい時間がふえてほしいです。次のあしながの楽しい活動を楽しみにしています!!

**大人になった自分へ**

こんにちは。わたしは10才のあなたです。そちらでは、どのようなことが起きていますか。

こちらでは、2月くらいからコロナウイルスがはやってしまい、学校の休みが長くなったり、イベントが中止、延期になったりしています。

きっとこの手紙を読んでいる時のコメントは「……。」だと思います。もんくがあるわけではありません。10才の私の方でもコメントは「……。」だけなので。「……。」が正かいだと思いますよ!!

急に話が変わりますが、そちらのコンピューターぎじゅつはどのような感じですか。

学校の先生が言っていました。「コンピューターはどんどん進化していきます。でも、コンピューターをおうえんするとひどいめにあうかもしれません。コンピューターには心がないので、人の心を大切にして、人と人との思いやりをもって生きてください。コンピューターは自分たちで作って同じくらいかしこいのであやつられるかもしれませんよ」と。

この言葉はわすれずに生きてください。

## お父さんへ

震災から10年がもう過ぎました。今、僕はT高校に進学し勉強と部活を頑張っています。お父さんは何をしていますか。

昔はお父さんのことを考えることが多く、友達どうしの会話で両親の話をするときに自分は嘘をついてお父さんがいないことを隠すのがつらかったです。でも今はあまり両親の話などをする機会がなくなったのでつらくはないです。

お父さんがいたら今の自分はどうなっているのだろうと想像することがあります。今よりは何百倍も楽しく過ごせているだろうと思います。でも、もう前を向いて進むしかないので頑張ります。

母にはなるべく迷惑をかけないようにするのであまり心配しないでください。

お父さんみたいな立派な人になれるように頑張りたいです。

## 支援してくれた人へ

お父さんが亡くなり、これからはいったい、だれが家や自分を支えていってくれるのかとふと思った時に、このプロジェクトのおかげもあり、悩むこともなく楽しく学校に行けています。

小学校では兄と同じく、野球を小２の頃からプレイして、中学校からは友達のえいきょうもあり、バスケ部に入りました。この決断もお金があってこそです。道具をいちから買わなければならないので負担になると思いましたが、たくさんの支援のおかげで、迷うこともなく楽しく今も励んでいます。

これからもよろしくお願いします。

## お父さんへ

今まで男手一つで私を育ててくれてありがとうございます。高校入試の時も、私の事を全力でサポートしてくれてとてもうれしかったです。おかげで、志望校に合格することが出来ました。

高校入学後も、どんなに忙しくても毎日かかさず手作りのお弁当を作ってくれてありがとうございます。どんなに夜遅く帰ってきても、家事をしっかりとやるお父さんの事を人としてとても尊敬しています。小学校の時、毎回かならず参観日に来てくれて本当にありがとうございました。

お母さんの事が恋しい時もあったけどそんな気持ちを無くすぐらい旅行に連れていってくれてありがとうございます。

冷たい言葉を発してしまったり、迷惑をかけてしまった時も、変わらずに接してくれてありがとうございます。お父さんは、私にとってかけがえのない存在です。これからも迷惑をいっぱいかけると思いますがよろしくお願いします。

## 心を支えてくれた人たちへ

震災当時、まだ幼かった僕も10月に誕生日を迎えて16才になりました。

当時通っていた児童館は海からとても近い所でした。突然の激しい揺れに立っていることもできずとても恐かったこと、先生方の車にぎゅうぎゅうづめになりながらひっしに逃げた記憶と、大切なお母さんと弟が亡くなったことを今でも思い出します。

そんな僕の心を支えてくれたのは、僕と年の近いいとこたちや学校の友達と先生方でした。

また、自分自身の今の生活が送れるのも大勢の方々の支援と、父と祖父母のおかげだと感謝しています。

将来の進路は、まだ決まっていませんが、自分も大勢の人の役にたてるような仕事に就きたいと思っています。

**自分を支えてくれた方へ**

いろんな意味で部活のバレーでベスト４に入ってみんなに恩返しします。必ず。

震災が来て「感謝」と「努力」をすごく学べたのでこれからも「感謝」と「努力」の気持ちを忘れずに生活して行きたいです。

そして、その2つの言葉を忘れずに残り約1年の部活でがんばりたいと思います。

**あしながさん、レインボーハウスの職員のみなさま、家族、これからの自分へ**

東日本大震災から来年の3月で10年になってしまう。10年前の私は、まだ小学校に入学する前だった。生きるということも死ぬということも分からなかった頃、私は母の死を体験した。母に〝さよなら〟を言うとき、何も分からないはずの私の心には、無力感しかなかった。

大好きな母の1つしかない命を奪ってしまった。

だから震災を心から憎んだ。

しかし、小学校に入学し、何度か誕生日が来ると〝憎い〟から〝仕方が無い〟という感情に変化した。だが、母に対しての寂しさは何年たっても変化しなかった。

友人が、さりげなくおかあさんと話をしている様子を見ると、いいなと思うことがある。〝お母さんと一緒に〟という言葉を聞くと羨《うらや》ましく感じる。震災後、私には新しくお母さんができた。そのお母さんとは今もうまくいっていない。自分を生んでくれたお母さんが、どれだけ大きな存在か。今いるお母さんは、私のために、色々な面で考えてくれている。感謝しきれないほどに。うまくいかない事の方が多いけれど、何らかの形で恩返ししたいと思う。

父とは生まれた頃から一緒だ。相談をしたり……色々な話をしたりしている。学校行事に来てくれたり、私のしたいことを本気で応援してくれた。

今の私がいるのは、もちろん家族のおかげでもあるが、何よりもあしながさんやレインボーハウスの職員の方々、学校の先生や友人など、たくさんの人がいたからだ。

おそらく、私が生きているうちに全ての恩を返すことはできないと思う。だからこそ、今を精一杯生きることにしている。

私にとって、まだまだある人生。私がもらった元気をこんどは誰かに届けられるように、できるかぎりの事をしたい。

## 辛い気持ちの人へ

震災当時、私は、家族4人を亡くして、悲しい気持ちと後悔がすごく心残りです。今でも、会って何かしてあげたい、一緒に何かをしたいと思うことがたくさんあります。けど、それは叶《かな》わないことだから、妹たちが学校に通えなかった分、自分が妹たちの分もがんばっていきたいと思っています。

震災のことを思い出して、辛い気持ちになる人もいると思いますが、亡くなった人の分がんばるという気持ちで前向きに進んでいってほしいです。

## ままへ

私は今、高校3年生になりました。ままの「看護師になってほしいな」という夢をかなえるべく看護科がある高校に入りました。5年制度で、もう病院実習もしています。想像していたよりはるかに大変ですが、おばあちゃんのようになれるよう勉強も実習も頑張っています。

妹は保育士を目指して勉強を頑張っているみたいです。テストの順位も良いそうで大学受験に向けてもっと気を引きしめてほしいです。
おばあちゃんも60歳になりました。まだまだ元気ですが、あまり頼りすぎないように、うちが長女として支えていきたいです。ぱぱも変わらず元気です。娘思いのぱぱです。いつもうちが欲しいものを買ってくれます。うちは大丈夫です。もっともっと頑張ります。ずっと見守っていてね。

**今の自分へ**

大学に絶対に合格して養護教諭になろう。将来のためにも今は少しヒプマイと江口拓也から離れよう。養護教諭になって次は自分がつらい子どもたちに寄り添うんだ!!　友達だけじゃなく先輩たちからも応援してもらってるから期待裏切らないようにする！　今はとりあえず、勉強！

以上！

## あしながさんへ

僕は、今、松ぼっくりから種をとってプランターや鉢にまいて、松の木を育てています。その松をせんていしたり山に植えたり門松の松にしています。

学校では、陶芸という作業で、マグカップと一輪差しなど作っています。

学校が休みの日は、パソコンや書道を頑張っています。

絵を描いたり同級生の似顔絵も描いています。

## 天国にいる家族へ

パパ、ママ、妹！　天国で元気にしてる？

私は今、ばあやんと2人でケンカをたくさんしながら暮らしているよ。

あの日、もし、東日本大震災の大津波が来なかったら、今頃、家族みんなで楽しく暮らしていただろうね。いつまでもみんなでいたかったし、もっとたくさんの思い出もつくりたかったよ。

3人との「これから」はないから、「今まで」の思い出を少ないけれど大切にするね。
いつまでも空から見守っててちょうだいね！

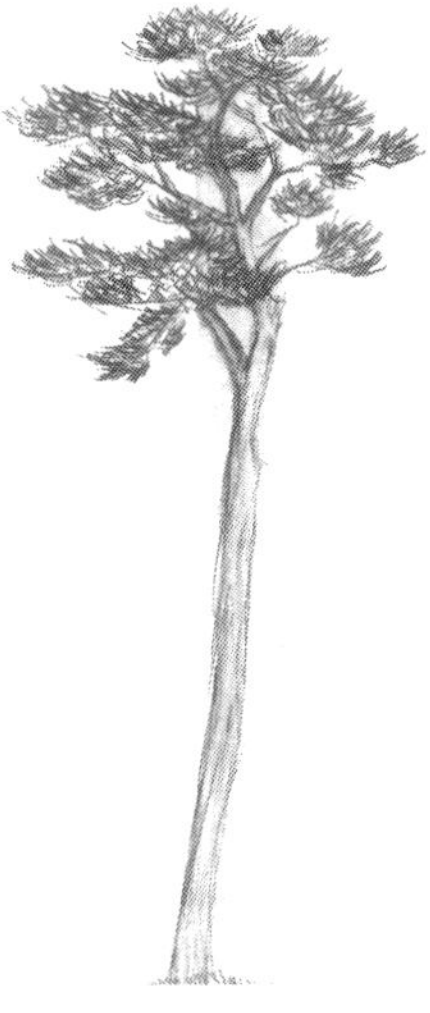

おわりに

# 作文を読む体験は自らの歩みを大切にすること

あしなが育英会・会長　玉井義臣

東日本大震災から10年の月日が流れようとしている。本会の把握では、2083人の子どもが津波で親や家族を失った。あの日、私はアフリカのウガンダ共和国に到着したばかりだった。テレビに映る津波の衝撃に、荷を解くこともなくそのまま帰国した。

その後、すぐに生き延びてもらうための「特別一時金」給付支援を提案し国内外で募金活動を展開、そのお知らせのために職員と遺児学生を中心にした「お知らせ隊」を結成し被災地の避難所や行政の窓口を回った。本書冒頭に文を寄せた職員の山下高文もその一人である。およそ3年間で一人当たり282万円の一時金を子どもたちに届けることができた。

そして、2014年には仙台、石巻、陸前高田にレインボーハウスを建設し、子どもたちと保護者の支援に、ファシリテーターのみなさんと共にエネルギーを注いできた。その土台は、1995年の阪神・淡路大震災で親をなくした573人の子どもたちを支援してきた体験にある。

ここに津波遺児たちがどのように10年の歳月を歩み、今何を思っているかの一端を多くの方々にお届けしたい。

子どもたちが記した作文は、その時々の成長を伴った「死者との向き合い方、懸命に生きている姿」だと改めて痛感する。10年経った「今」、小学生として、中学生として、高校生として、大学生として、社会人として、これまでの歩みとこれからを綴っている。まさにグリーフワーク、「喪の作業」である。その声と思いはきっと亡き人へ、ともに生きている家族へ、そしてこれまで応援していただいた多くの方々に届くと信じている。

わたしはこの2月で86歳になるが、現下のコロナ禍で日本の社会の中でももっとも苦境に追い込まれていると言っていい遺児家庭の叫び声と向き合っている。なんとしても彼らの命を支え、学びへの道を閉ざしたくない、その思いで仕事に励んでいる。

五十数年、遺児の進学を支え続けてきたあしなが運動だが、その原動力になったのは交通事故で遺児となった中島穣君の「天国にいるおとうさま」という作文だった。この作文は、1968年4月15日に大人気のTV番組「桂小金治アフタヌーンショー」で本人が朗読した。レギュラーでそのコーナーの司会をしていたわたしには、全国の茶の間からスタジオに涙が逆流してくるかのように感じた。

ぼくの大すきだった　おとうさま
ぼくとキャッチボールしたが

死んでしまった　おとうさま
もう一度あいたい　おとうさま
ぼくは
おとうさまのしゃしんを見ると
ときどきなく事もある
だけど
もう一度あいたい　おとうさま
おとうさまと呼びたい
けれど呼べない

どこにいるのおとうさま
もう一度ぼくをだいて　おとうさま
ぼくがいくまで　まってて
もう一度ぼくとあそんで　おとうさま
おとうさま　ぼくといっしょに勉強してよ
ぼくにおしえてよ
おとうさま　どうして三人おいて死んだの

ぼくは
今までしゅっちょうしていると思っていた
おとうさままってて　ぼくが行くまで
おとうさま　おとうさま
もう一度「みのる」って呼んで
ぼくもおとうさまと呼ぶから
ぼく「はい」と返事するよ
ぼくは　かなしい
おとうさまがいないと

中島　穣（10歳）

津波遺児たちの作文と響き合う何かがあると感じるのは、私だけだろうか。

私自身六十有余年駆け続けてきた「あしなが運動」は、私のグリーフワークだったと改めて思う。きっかけとなった母の交通事故死、そして20代半ばでがんに侵され闘病の末、29歳でなくなった妻・由美、その生と死を重ね合わせながら生きてきた（今度、妻との出会い、闘病の日々、別れを綴った『愛してくれてありがとう』（藤原書店）を上梓した）。

痛みのともなった声を読むことは、読まれる方々の人生の歩みとも重なって様々に響き合うことがあるのだと思う。

願わくは、子どもたちの「作文を読む体験」が自らの歩みや人生を大切にすること、みなさまのお近くの誰かを大切にすること、遺児らへ思いを馳せていただくことになればこれに勝ることはない。

そして「遺児とともに歩むあしなが運動」へのご理解とご支援をお願いしたい。

最後になったが、編集の労をとっていただいたライターの角田奈穂子さんと朝日新聞出版の海田文さんには心から感謝申し上げたい。お二人との出会いがなかったらこのような素晴らしい文集になることはなかっただろう。記してお礼としたい。

2021年1月31日

たまい・よしおみ／1935年、大阪府生まれ。母親ていの交通事故死から「被害者の救済」を救急医療と損害補償の面から問題提起し、日本初の「交通評論家」として活動を開始。遺児を進学させ心のケアをするあしなが運動の生みの親、育ての親として、現下のコロナ禍でもその先頭で日本国内やアフリカの遺児支援運動を牽引している。25歳差の妻由美さんは若くしてがんを発症、29歳で他界。現在も母と妻へのグリーフワークを続け「今なお喪の途上にある」と語る

## あしなが運動年表

1961年 岡嶋信治《おかじましんじ》（現・あしなが育英会名誉顧問）の実姉と甥が酔っぱらい運転のトラックにひき逃げされ死亡。朝日新聞「声」欄にその怒りを投書

1963年 玉井義臣《たまいよしおみ》（現・あしなが育英会会長）の母が12月に交通事故で意識不明になり、翌年1月昏睡状態のまま死去

1967年 岡嶋と玉井が二人三脚で初めての街頭募金を実施、育英会設立資金の原資となる

1969年 「財団法人交通遺児育英会」設立。同年高校奨学金貸与開始

1970年 第1回全国学生交通遺児育英募金（現・あしなが学生募金）を実施

1979年 どこかの誰かが遺児たちへそっとお金を送る「あしながさん寄付制度」開始

1984年 交通遺児たちが「災害遺児の高校進学をすすめる会」を結成

1988年 「災害遺児の高校進学をすすめる会」が災害遺児向け奨学金貸与開始

1992年 災害遺児たちが「病気遺児の高校進学を支援する会」を結成

1993年 病気遺児への奨学金貸与開始と共に「災害遺児の会」と「病気遺児の会」が合併し、「あしなが育英会」設立

1995年 阪神・淡路大震災発生。あしなが奨学生が全国で震災遺児激励募金実施

1999年　日本初の遺児のための心のケア施設「神戸レインボーハウス」（兵庫県神戸市）竣工。あしなが育英会学生寮「虹の心塾《こころじゅく》」（「神戸レインボーハウス」に併設）開塾

2000年　急増する自死（自殺）の問題に本格的に取り組み、自死遺児と親の文集『自殺って言えない』を編集・発行。あしながレインボーハウス建設募金開始

2006年　「あしながレインボーハウス」（東京都日野市）竣工。あしなが育英会学生寮「あしなが心塾」（「あしながレインボーハウス」に併設）開塾

2011年　東日本大震災発生。被災した遺児を探しながら、募金活動を展開しつつ緊急特別一時金を給付開始

2014年　東北初の遺児のための心のケア施設「東北レインボーハウス（仙台市・石巻市・陸前高田市）」完成。東日本大震災遺児、ウガンダエイズ遺児、米国の名門大学生の三者が同じ舞台に立つ音楽劇「世界がわが家」初演。翌年、海外ツアー開始

2018年　給付型奨学金制度を開始

2019年　あしなが育英会を一般財団法人化

2020年　新型コロナウイルス感染症拡大を受け、第100回あしなが学生募金の街頭募金を中止。コロナ禍で困窮した遺児家庭を支えるため、全奨学生に対して、一人あたり4月に15万円、12月に20万円の緊急支援金を支給

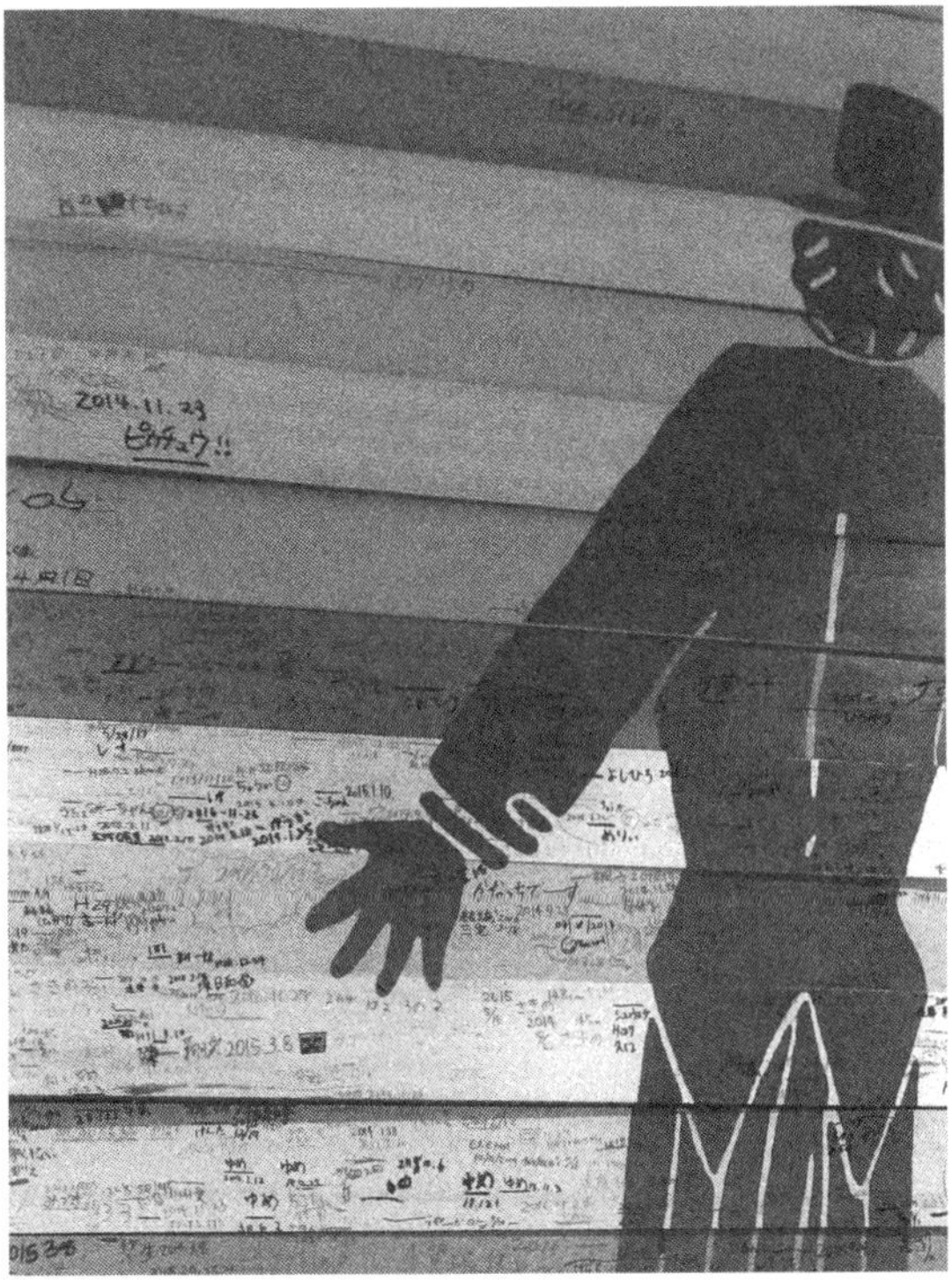
2014.11.23
ピカチュウ!!
2015.3.8

大学奨学生を対象に全国各地で開かれる「夏のつどい」、アフリカの遺児学生を対象に行う「AAIのつどい」などがあります。

**特別一時金**

東日本大震災発生の２日後に決定した震災・津波遺児への経済的支援。日本国内外問わず、個人・企業から募った返還不要の特別一時金（１人あたり約282万円）を胎児から大学院生までの2083人に３年ほどかけて一律給付しました。さらに自宅が被害を受けた遺児奨学生に対する住宅一時金（１人あたり30万〜50万円）を168人に給付。支援金総額は計59億3382万円にのぼりました。

**にじカフェ**

18歳以上を対象とした若い世代の遺児のための交流会。相談や悩みごとを気軽にシェアできる場として回を重ねてきました。食事会やヨガを行ったり、ライフステージが変わるタイミングでの自分や周囲との向き合い方などをグループで話し合ったりする場となっています。

**ファシリテーター**

遺児に寄り添い、手助けするボランティア。レインボーハウスで定期的に開催される２日間の研修「ファシリテーター養成講座」を受講し、子どもたちのサポートに必要な知識・技術を学んだうえでプログラムに参加していただいています。年代は大学生からご年配の方まで様々です。

**心のケアプログラム**

レインボーハウスで定期的に開催される遺児同士の交流イベント。お互いを認め合いながら、それぞれの抱えている体験をシェアし、つながりを作っています。日帰りのワンデイプログラムや季節ごとの宿泊プログラムなどがあります。

**レインボーハウス**

あしなが育英会が運営する遺児のための心のケア施設。1995年の阪神・淡路大震災をきっかけに1999年に神戸市に建設。現在ではほかに東京・仙台・石巻・陸前高田の４カ所にあり、各地で心のケアプログラムやイベントを開催。「火山の部屋」「アートの部屋」「おしゃべりの部屋」など様々な気持ちを表現しやすいように工夫された部屋があり、遺児たちが親との死別による心の痛みや傷を癒すための場となっています。

# あしなが用語解説

**あしながさん**

遺児たちの進学や心のケアを支援してくださるご寄付者の方。アメリカの小説「あしながおじさん」にちなんだ呼称です。

**心塾（こころじゅく）**

あしなが育英会が運営する遺児大学生寮。仕送りを見込めなくても都市部の大学や短大に進学できるように、寮費月１万円（朝夕２食付と家具をそなえた居室を提供）の寮を東京と神戸に置いています。集団生活や独自のカリキュラムを通して、「暖かい心」「広い視野」「行動力」「国際性」を兼ね備え、人類社会に貢献できる人材の育成を目指しています。

**奨学金**

病気や災害、自死などで親をなくした遺児や、親が障がいをもっている家庭の子どもたちの進学支援制度。貸与と給付の一体型で、貸与部分は20年以内に無利子返済。他の奨学金との併用も可能です。

**世界がわが家**

2014年３月の仙台公演を皮切りに、東京・ワシントン・ニューヨーク・ウガンダで行われたコラボレーションコンサート。東日本大震災遺児らによる和太鼓演奏や合唱、米国・ヴァッサー大学（小説「あしながおじさん」著者の母校）の学生によるコーラス、ウガンダの遺児による歌と踊りなどが同じ舞台で一つになりました。

**全国小中学生遺児のつどい**

主にあしながレインボーハウス（東京都日野市）で開催している全国の小中学生とその保護者を対象にした宿泊ケアプログラム。様々な原因で親を亡くした子どもたちが参加し、鬼ごっこやドッジボールで体を動かしたり、お絵描きや工作をしながらおしゃべりを楽しんだりと思い思いに過ごします。グループ対抗のレクリエーションゲームや、自然の中での野外プログラムなどを通して交流を深めます。

**つどい**

あしなが育英会が主催する宿泊を伴う集まりの総称。小中学生とその保護者を対象とした「全国小中学生遺児のつどい」のほか、高校奨学生や

**あしなが育英会（あしながいくえいかい）**
病気や災害、自死（自殺）などで親を亡くした子どもたちや、障がいなどで親が十分に働けない家庭の子どもたちを、奨学金、教育支援、心のケアで支える民間非営利団体。自らも事故で家族を亡くした玉井義臣と岡嶋信治が始めた「あしなが運動」を原点に、全国の寄付者「あしながさん」に支えられ、国内外で遺児支援活動を続けている。

# お空《そら》から、ちゃんと見《み》てね。

## ——作文集《さくぶんしゅう》・東日本大震災遺児《ひがしにほんだいしんさいいじ》たちの10年《ねん》

二〇二一年二月二十八日　第一刷発行

編　者　あしなが育英会
発行者　三宮博信
発行所　朝日新聞出版
〒一〇四-八〇一一　東京都中央区築地五-三-二
電話　〇三-五五四一-八八三二（編集）
〇三-五五四〇-七七九三（販売）

印刷製本　中央精版印刷株式会社


Published in Japan by Asahi Shimbun Publications Inc.
ISBN978-4-02-251748-7
定価はカバーに表示してあります
落丁・乱丁の場合は弊社業務部（電話〇三-五五四〇-七八〇〇）へご連絡ください。
送料弊社負担にてお取り替えいたします。

三ねん 二くみ
なまえ

おかあさんがいたら
おかあさんがいたらいろんな
ことができたね。
ケーキをつくったりできたよ
ね。

ほいくえんのかえりにおかあ